DÉCOU

Antoine Bioy

L'hypnose

InterEditions

ISBN 978-2-10-050480-0

Table des matières

Introduction

« Hypnose »... Le mot fascine, car il est chargé de représentations importantes. Est-ce un don ? Un pouvoir ? Une aptitude ? Un simple état naturel ? Et que se passe-t-il lorsque l'on est hypnotisé ? Est-on sous le contrôle de l'autre ? Peut-on encore réagir ? Peut-on se mettre seul en état d'hypnose ? Toutes ces questions, et bien d'autres, seront traitées ici.

Nous avons voulu rendre l'hypnose la plus compréhensible possible, ou tout du moins tenter de vous rendre plus claires les connaissances que l'on a de nos jours du phénomène hypnotique. Car tout n'est pas connu, et si l'hypnose est une pratique ancienne, ce n'est que récemment que l'on cerne à peu près ses principaux ressorts.

Exposer ce qu'est l'hypnose en théorie aurait été incomplet si nous n'avions pas abordé sa pratique au quotidien, auprès de patients. Et c'est aussi les grands axes d'un suivi par hypnose qui seront ici présentés. L'hypnose, pour quelles indications et avec quelle méthode ? Voici les questions auxquelles nous tenterons d'apporter une réponse.

Et pour aller plus loin, nous avons souhaité présenter les différentes possibilités de formation, mais aussi vous proposer quelques lectures et sites Internet pour poursuivre la lecture de cet ouvrage.

Il ne s'agit donc pas d'un manuel de formation, mais d'un document d'initiation et de compréhension initiale de ce que l'hypnose recouvre en théorie et en pratique. Nous espérons qu'il répondra aux principales questions que vous pouvez vous poser.

L'auteur souhaite rendre hommage au Professeur Édouard Zarifian (juin 1941, ✝ février 2007) qui a, en fin clinicien et penseur, manifesté une curiosité pour les questions que posent l'hypnose et qui a soutenu sa pratique, notamment au sein de son service de psychiatrie du CHU de Caen. Les réflexions qu'Édouard Zarifian a partagées avec l'auteur ont nourri certaines réflexions présentes dans cet ouvrage, qui lui est dédié.

Histoire et origine de l'hypnose

Les questions auxquelles répond ce chapitre :

- Comment peut-on définir l'hypnose ?
- Comment est-elle née ? Dans quel contexte ?
- Qui sont les grandes figures de l'hypnose ?
- Sur quoi repose l'hypnose ?
- Qu'appelle-t-on « hypnose moderne » ?

Qu'est-ce que l'hypnose ?

Un phénomène kaléidoscope

Nous empruntons le titre de ce chapitre – *Qu'est-ce que l'hypnose ?* – à un ouvrage du psychologue François Roustang[1], l'une des importantes figures contemporaines de l'hypnose. Si la question est pertinente, c'est que l'hypnose peut être envisagée et comprise selon différents angles de vue, notamment neuroscientifique, ethnologique et psychologique. L'hypnose est donc un phénomène « kaléidoscope », où se croisent différentes

1. Roustang F., *Qu'est-ce que l'hypnose ?*

disciplines, chacune tentant de percer l'énigme portant sur la nature de l'hypnose, tout en constatant objectivement son existence et sa validité.

Approche neuroscientifique

Il n'y a pas si longtemps (une dizaine d'années), la question était toujours de savoir si l'on « croyait » à l'hypnose ou non. Phénomène mystérieux et intriguant, on rencontrait l'hypnose sur les plateaux télés et les scènes de spectacles, ou plus confidentiellement dans le cabinet de quelques praticiens isolés (principalement psychologues et psychiatres). Certes, l'hypnose jouissait d'une place confortable dans le champ de l'histoire des sciences, puisqu'elle a donné naissance notamment à la plupart des psychothérapies, à la psychanalyse, et a participé à la création de certaines disciplines comme la psychologie clinique et la psychopathologie. Mais que savait-on réellement du processus hypnotique ? Pas grand-chose.

Puis survint le développement de l'imagerie cérébrale qui permit de montrer que l'hypnose avait une existence avérée sur un plan scientifique, dans le champ des neurosciences en particulier[1]. L'état hypnotique se définit en effet comme un état d'activation corticale caractéristique[2], différent d'autres états de conscience telle que la veille, le sommeil, la somnolence, etc. Et à ce jour, l'hypnose est l'un des phénomènes parmi les mieux

1. Maquet P, Faymonville M.E., Degueldre C. *et al.*, "Functional neuroanatomy of hypnotic state", *Biological Psychiatry*, 1999, 45 : 327-33.
2. Rainville P., Hofbauer R.K., Buschnell M.C. *et al.*, "Hypnosis modulates activity in brain structures involved in the regulation of consciousness", *Journal of Cognitive Neuroscience*, 2002, 14 : 887-901.

connus et les plus étudiés en imagerie neuroscientifique dans le monde.

La question dès lors n'est plus de savoir si l'on « croit » à l'hypnose, mais bien de savoir si l'on souhaite avoir recours à cette méthode dans un certain nombre de situations, médicales, psychologiques ou autres.

Pour autant, si l'état hypnotique est maintenant bien identifié et fait l'objet d'importantes études, cela ne signifie pas que l'hypnose se résume à cette dimension d'un état particulier de la conscience (parfois nommé « transe »). Bien d'autres dimensions interviennent dans la compréhension de ce qu'est l'hypnose.

Faire l'expérience de l'état hypnotique

L'état hypnotique est un état modifié de conscience qui peut se rencontrer dans de nombreuses situations, et pas seulement du soin. C'est un état que l'on dit volontiers « commun » tant chacun d'entre nous peut facilement l'éprouver. Différentes situations permettent ainsi, dans la vie courante, de faire l'expérience de l'hypnose en tant qu'état particulier de la conscience. Il est probable qu'au moins l'un des deux exemples ci-dessous va vous sembler déjà vécu, démontrant ainsi combien l'état hypnotique vous est déjà familier :

- Prenez un roman, le plus rébarbatif que vous connaissiez, et commencez à le lire (ou réessayez de le faire !). Au bout d'un moment, vous vous rendrez compte que votre lecture deviendra automatique et que vous commencerez, tout en lisant, à penser à tout à fait autre chose. À tel point qu'au bout de quelques minutes, vous ressortirez de votre « transe » en pouvant très bien vous souvenir du voyage effectué dans vos pensées, mais pas de ce que vous venez de lire...
- Observez un enfant qui est devant son dessin animé préféré et essayez de lui parler : il ne répondra pas, ou à contretemps en vous lançant au mieux un : « Tu me parles ? » et plus généralement un : « Quoi ? ». Il est absorbé par ce qu'il voit à la télévision, et n'est

> plus dans un état ordinaire de conscience. C'est d'ailleurs l'une des raisons pour lesquelles, intuitivement, les mères en profitent pour donner à ce moment-là du sirop « au goût bizarre ».

Nous sommes donc tous des usagers de l'état hypnotique, et la plupart d'entre nous en font comme Monsieur Jourdain de la prose : sans le savoir...

Cette importante notion tord d'ailleurs le cou à une fausse croyance qui énonce que tout le monde ne serait pas hypnotisable ; que certaines personnes « résisteraient » à l'hypnose. L'état hypnotique étant un état très courant, pour ne pas dire banal, tout le monde est hypnotisable, mais pas selon les mêmes conditions. Et en effet, certaines personnes ne se laisseront pas aller à un état hypnotique si elles sont trop sensibles à la froideur d'un laboratoire de recherche, à une suggestion perçue comme un ordre dictatorial, ou encore ne font pas assez confiance au praticien de l'hypnose qui leur fait face.

Approche psychologique
Positionnement de la réflexion

L'hypnose peut donc être approchée comme un état particulier de conscience tout à fait « photographiable » au niveau du cerveau. Pour autant, nous avons dit que cet état de conscience, bien que caractéristique, n'était pas réservé à la situation hypnotique. Il faut donc se résoudre à considérer que ce qu'on nomme hypnose correspond certes à un état mental précis, mais qu'autre chose intervient pour que l'on puisse effectivement parler d'hypnose. Nous pouvons ici envisager trois données fondamentales :

- Le contexte et les représentations de l'hypnose ;

- Le type de relation qui s'engage entre un praticien de l'hypnose et son patient ;
- La dissociation psychique.

Même sans avoir la moindre idée de ce à quoi correspond l'hypnose moderne, telle que pratiquée de nos jours, chacun possède sa propre **représentation** de cette pratique. Cette représentation peut être issue de scènes d'hypnose de spectacle vues à la télévision, ou encore de diverses productions (le serpent Kaa dans *Le Livre de la jungle*, des images du *Sortilège du scorpion de jade* de Woody Allen, etc.). Bref, il est bien difficile de ne pas trouver une personne qui n'ait pas une idée de ce qu'est l'hypnose ou de ce à quoi cette pratique doit ressembler « en vrai ». Ce qui veut dire aussi que la façon dont les personnes réagissent à l'hypnose est en partie fonction de la façon dont elles pensent qu'elles doivent réagir : avec une certaine immobilité (jusqu'à mimer une sorte de catalepsie), sans essayer de parler, etc. Et l'hypnose, c'est aussi cela : la façon dont l'individu va réagir, se comporter en situation hypnotique, que cette dernière se passe dans le cabinet d'un psychologue ou dans une chambre d'hôpital.

À côté de cette question qui relève de l'aspect psychosocial, voire clinique, de l'hypnose, existe la question plus psychodynamique de la **relation** qui s'instaure entre un thérapeute et son patient. Nous ne faisons qu'évoquer ici cette donnée, qui sera largement développée dans la partie suivante. Disons simplement ici que la relation hypnotique qui s'instaure possède des caractéristiques propres, et très différentes d'autres situations, que l'on parle de la simple relation d'aide telle que pratiquée dans le domaine du soin, ou encore de la relation psychothérapeutique qui s'instaure en situation analytique.

Enfin, la troisième dimension qui spécifie l'hypnose sous l'angle de la psychologie est celle que l'on nomme la **dissociation psychique**. Autrement dit, une certaine dynamique de pensée qui, paradoxalement, « fragmente » les processus conscients et inconscients pour les rendre aussi accessibles l'un que l'autre à l'expérience du sujet. Une certaine méthode est nécessaire pour obtenir cette dissociation psychique, qui est à la fois un préalable et un constituant à la pratique de l'hypnose. Si la pratique du fameux pendule a de nos jours disparu, pour autant ses avatars restent la façon la plus immédiate et évidente de produire cette dissociation psychique : focalisation du regard sur un point, observation d'un son répétitif, etc.

S'initier à la dissociation psychique

Il est finalement assez simple de faire l'expérience de la dissociation psychique.

- Quel que soit le lieu où vous êtes, fixez simplement un point, par exemple le bout de vos chaussures, le capuchon d'un stylo posé devant vous, ou une lettre imprimée sur cette page. En même temps que vous fixez cet endroit, faites simplement un « tour sonore » en identifiant les bruits environnants. Observez ceux qui sont plutôt aigus ou plutôt graves, ceux qui sont proches ou lointains, etc. Notez déjà combien votre perception de cet environnement a changé, et quelle est votre facilité à observer, explorer, des choses non perçues auparavant et surtout que vous percevez en même temps que le reste.
- Vous pouvez par la suite aller plus loin, en fermant les yeux et en retrouvant les bruits environnants lors d'un souvenir, ou vous pouvez simplement laisser aller le fil de vos pensées.

Avec ce simple exercice, vous venez simplement de toucher du doigt le principe de dissociation psychique, ici non exploré thérapeutiquement (donc peu profond) mais tout de même bien présent !

Une tentative de définition

Nous proposons ici quelques essais de définition pour éclairer tout autant que synthétiser les divers points de vue sur le sujet.

Une définition de l'hypnose

Comme nous l'avons vu, l'hypnose est à la fois un état particulier de conscience et un motif de rencontre entre deux individus. Lorsque l'on « fait de l'hypnose », on s'inscrit donc dans des modalités relationnelles précises et dans une situation où vont intervenir différents niveaux : social, relationnel, individuel, cortical, psychodynamique.

Une définition de l'hypnose nous est donnée par Jean Godin :

> « Un mode de fonctionnement psychologique dans lequel un sujet, grâce à l'intervention d'une autre personne, parvient à faire abstraction de la réalité environnante, tout en restant en relation avec l'accompagnateur[1]. »

De façon sans doute un peu plus descriptive, et mettant au centre de son approche de principe de suggestion, nous trouvons la définition de *l'American Psychological Association* (APA) : « Lorsque l'hypnose est utilisée, une personne (le sujet) est guidée par une autre (l'hypnotiste) à l'aide de suggestions afin de modifier son expérience subjective, altérer ses perceptions, sensations, émotions, pensées et comportements. Les individus peuvent également apprendre l'auto-hypnose, qui consiste en le fait d'utiliser seul des protocoles d'hypnose.

1. Godin J., *La Nouvelle Hypnose*, p.80-81.

Lorsqu'une personne répond aux suggestions hypnotiques, on dit généralement qu'elle a été hypnotisée »[1].

Autres définitions

L'hypnose est une pratique. Selon la forme qu'elle emprunte, sa terminologie va changer afin de désigner l'objet de son usage. Ainsi on distingue :

– *L'hypnothérapie* : il s'agit de la pratique de l'hypnose dans un cadre et avec une visée psychothérapeutique ;
– *L'hypnoanalgésie* : lorsque l'hypnose est utilisée pour soulager une douleur, on parle d'hypnoanalgésie (l'analgésie étant l'absence de perception douloureuse à un stimulus qui d'ordinaire est considéré comme tel) ;
– *L'hypnosédation* : cette pratique désigne l'usage de l'hypnose en anesthésie. Soit en remplacement total des produits couramment employés (y compris benzodiazépine, curare, antalgique), soit plus couramment comme adjuvant à des produits anesthésiants utilisés à dose si minimale que sans hypnose « en renfort », le patient ne pourrait supporter l'opération qui justifie une anesthésie.

Marie-Élisabeth Faymonville

M.E. Faymonville, spécialiste de l'hypnosédation, exerce la profession d'anesthésiste réanimateur au CHU de Liège, en Belgique. Il s'agit de l'une des grandes figures internationale de la recherche en hypnose portant sur l'imagerie cérébrale. Ses travaux lui valurent l'obtention de

•••

1. Définition élaborée par l'*Executive Committee* de l'APA, *Division of Psychological Hypnosis*. Citation mise en ligne sur : http://www.apa.org/divisions/div30/define_hypnosis.html.

•••

l'agrégation de médecine. Mais elle est aussi connue pour avoir depuis 15 ans réintroduit officiellement au bloc opératoire la pratique de l'hypnose, avec plus de 4 000 interventions par hypnosédation en 2006. Ses nombreuses publications dans des revues scientifiques internationales font référence. Elle a reçu en novembre 2006 le prix Pierre Janet, délivré par le GEAMH[1], pour l'ensemble de son œuvre.

La notion de « perceptude »

Depuis quelques années, le psychologue François Roustang donne de l'hypnose la définition suivante :

> « Un état de veille intense, à l'instar du sommeil profond à partir duquel nous rêvons. De même que ce sommeil profond conditionne l'éclosion du pouvoir de rêver, de même cette veille intense nous fait accéder au pouvoir de configurer le monde. »

Dans cette approche, l'hypnose n'est donc plus une forme de « sommeil paradoxal » mais bien un « éveil paradoxal ».

L'hypnose est en fait le mouvement paradoxal qui permet dans un premier temps une focalisation de l'attention pour ensuite permettre un élargissement du champ de la conscience. Le patient est amené à explorer sa position par rapport à ce qui est ressenti, en lien avec ce qu'il pense, ressent et l'ensemble de ce qui est présent dans l'ici et maintenant (Roustang définit cela comme la notion de « perceptude »).

François Roustang

François Roustang est né en 1923. Il a suivi des études de philosophie, de théologie et enfin de psychologie. Il devient psychanalyste d'obédience lacanienne (membre de l'École Freudienne) puis commence à s'interroger

•••

1. Groupement pour l'Étude et les Applications Médicales de l'Hypnose.

●●●

sur la réelle place du transfert et son devenir dans les cures analytiques. Ses premiers livres, *Un Destin si funeste* et surtout *Elle ne le lâche plus*, feront grand bruit dans la communauté psychanalytique. Commence alors une aventure qui le fait se questionner sur l'hypnose, après avoir exploré certaines facettes de la notion d'influence et autour de la suggestion. Il quitte ses habits de psychanalyste après avoir découvert l'hypnose ericksonienne, et commence à pratiquer dans ce champ. Il développe des idées parfois dérangeantes (« il n'y a pas de transfert en hypnothérapie ») mais toujours innovantes. Il prône pour un retour via l'hypnose à une nouvelle forme de perception de la réalité, une perception immédiate, qui précède la pensée même. Ses ouvrages sont des événements très attendus non seulement parmi les praticiens de l'hypnose, mais aussi chez tout psychothérapeute en tant soit peu curieux de découvrir une nouvelle façon de penser la pratique auprès des patients.

Histoire de l'hypnose

Du magnétisme à l'hypnose moderne

Pourquoi aborder ici la question de la façon dont l'hypnose est née, et de remonter ainsi jusqu'au XVIIIe siècle ? D'abord, parce que les errances théoriques auxquelles l'hypnose a donné lieu ont permis progressivement de mieux en cerner l'usage et le fonctionnement. Mais aussi parce que les représentations, notamment des patients à l'hypnose sont, comme nous l'avons dit, en partie liées aux représentations elles-mêmes issues de cette histoire.

Le magnétisme animal

Au XVIIIe siècle, Franz Anton Mesmer s'intéresse à la magnétothérapie (le soulagement de certains symptômes par imposition d'aimants sur le corps). Rapidement, il est convaincu que ce qui est à l'œuvre est d'une autre nature. Il postule une théorie (qui se révélera fausse par la suite) mais qui bouscule l'histoire de la médecine occidentale : Mesmer avance l'existence d'un fluide, dont la mauvaise conductance dans le corps humain constituerait le signe clinique de diverses pathologies. Par analogie avec le magnétisme minéral, il nomme ce fluide « magnétisme animal » car il peut être transmis notamment d'un être vivant à un autre[1]. Ainsi, par diverses techniques (principalement l'imposition des mains), il est possible selon Mesmer de rééquilibrer le fluide et ainsi de guérir l'individu malade.

Franz Anton Mesmer

Franz Mesmer est né en 1734 à Iznang (Allemagne) près du lac de Constance en Allemagne. Il étudie la philosophie, la théologie et le droit, et s'inscrit à l'école de médecine de Vienne où il écrit sa thèse : *De l'influence des planètes sur le corps humain* (1766). Il pense qu'il existe un pouvoir analogue à celui du magnétisme minéral et qui peut avoir une influence sur l'organisme humain ; il le baptise « magnétisme animal ». Il pratique dans un premier temps l'application des aimants pour guérir (technique apprise par le Père Hell) avant de se tourner vers l'imposition des mains. Homme des lumières, il cherche à prouver scientifiquement sa théorie, mais se heurte à ses collègues qui ne voient en lui qu'un charlatan. Expulsé en 1778 de la faculté de médecine de Vienne, il gagne Paris. Autant adulé que haï, Mesmer et sa théorie prospèrent jusqu'aux rapports demandés par Louis XVI à ses savants (Académie des Sciences, Société Royale de Médecine). Les conclusions infirment la théorie de Mesmer qui, discrédité, est contraint de quitter la France. Après un bref passage sur Londres puis de nouveau sur Paris, Mesmer retourne à Vienne en 1793 où il continue ses recherches et l'écriture de ses mémoires. Il meurt en 1815 près du lac de Constance qui l'avait vu naître.

On peut donc dire que Mesmer eut une incidence réelle mais indirecte et involontaire sur le développement de ce qui deviendra l'hypnose.
●●●

1. Mesmer F.A., *Mémoire sur la découverte du magnétisme animal*, Paris, P.F. Didot le jeune, 1779.

•••

Néanmoins, l'un de ses disciples fut beaucoup plus inspiré : il s'agit de Arman[1] Jacques-Marie de Chastenet, dit le marquis de Puységur.

Le somnambulisme

Le marquis de Puységur, disciple de Mesmer, ne renia pas les théories de son maître. Pour autant, il prit une distance notable avec la pratique de ce dernier. Pour Puységur, la « crise magnétique », très théâtrale, ne présentait pas un grand intérêt. Par contre, il s'intéressa à l'état induit qu'il décrivit comme quelque chose entre la veille et le sommeil auquel il donna le nom de somnambulisme. Ce faisant, il opéra un véritable bouleversement épistémologique. Là où, pour Mesmer, tout le pouvoir guérisseur était contenu entre les mains du magnétiseur, pour Puységur, c'est le magnétisé qui est l'agent actif de sa propre guérison. Le magnétiseur n'est là que pour aider le patient à réveiller son « médecin intérieur » ; l'état somnambulique favorisant ce réveil.

Avec Puységur, l'hypnose (bien qu'elle ne s'appelle pas encore ainsi) va réellement connaître son essor. Les soubassements conceptuels de l'hypnothérapie moderne sont contenus dans l'approche de ce praticien, ainsi que de quelques auteurs comme Deleuze. Les mémoires de Puységur sont à ce titre d'un grand intérêt[2]. Le seul élément qu'il restera à « aménager » sera de sortir totalement du champ théorique du magnétisme.

---

1. Contrairement à ce qui est très souvent écrit, le prénom de Puységur « Arman », ne prend pas de « t ».
2. Michaux D., *Aux sources de l'hypnose*, Paris, Imago, 2003 ; Puységur, *Mémoires pour servir à l'histoire et à l'établissement du magnétisme animal ; suite des mémoires pour servir à l'histoire et à l'établissement du magnétisme animal*, 1784.

L'hypnotisme

Le magnétisme va fasciner nombre de praticiens à l'articulation entre les XIXe et XXe siècles. Il s'agit de Braid, Faria, Charcot, Bernheim, Liébault, etc. Très exactement, ce qui les fascine n'est pas la théorie sous-jacente (l'hypothèse du fluide universel étant alors contredite depuis plus d'un siècle), mais l'efficacité dont ils tentent de percer les mécanismes. En particulier, c'est la suggestion qui va prendre une place importante dans leurs réflexions. Bernheim la définit ainsi : « C'est l'idée conçue par l'opérateur qui, saisie par l'hypnotisé et acceptée par le cerveau, réalise le phénomène, à la faveur d'une suggestibilité exaltée, produite par la concentration d'esprit spéciale de l'état hypnotique. »[1]

En pratique, il est difficile de scinder totalement l'hypnose de la suggestion. La suggestion constitue en effet l'une des principales bases de la communication humaine, et, l'hypnose s'inscrivant dans une relation d'aide, elle utilise en plein les principes de communication. L'hypnose ne se résume pourtant pas totalement à la suggestion, et il est tout à fait possible de faire de l'auto-hypnose ou même d'induire un état hypnotique chez une personne sans faire appel à la suggestion. Pour autant, à partir du moment où une demande existe (proposer par exemple de se concentrer sur un bruit), la suggestion est présente. Elle est d'ailleurs présente des deux côtés puisque le patient suggère à son praticien nombre de choses, à commencer par la suggestion que ce dernier pourrait l'aider, simplement en venant le consulter pour savoir ce qu'il pense de sa situation.

1. Bernheim H., *De la suggestion et de ses applications à la thérapeutique*, Paris, Doin, 1886, p.1.

Hypnose et suggestion sont donc bien souvent mêlées, mais ne sont pas superposables. L'hypnose va bien au-delà et mobilise bien d'autres ressources telles que l'imagination du patient, des données relationnelles inhérentes au suivi ou même une forme d'introspection particulière.

L'ère de « l'hypnotisme » va cependant être d'une importance majeure malgré quelques conclusions erronées. D'abord parce que cette période marque de façon claire un développement certain des expérimentations en hypnose, mais aussi car les principaux acteurs de cette période s'attachèrent à sortir ce qui deviendra l'hypnose de certains relents spiritualistes et ésotériques où des praticiens peu scrupuleux, voire malhonnêtes, voulaient l'enfermer.

Un autre apport d'importance fut de reconnaître à l'état hypnotique un caractère non pathologique. Ainsi, Charcot et Bernheim se confrontèrent sur ce point et ce dernier finit par montrer que l'hypnose n'était pas une manifestation de l'hystérie, comme le pensait le respectable neurologue de la Pitié-Salpêtrière. Cette absence de lien entre état hypnotique et psychopathologie est confirmée de nos jours.

Hippolyte Bernheim

Bernheim est un professeur en Médecine, né en 1840 à Mulhouse (il meurt en 1919). En 1871, il quitte Strasbourg pour Nancy, où il rend visite à un médecin à la forte réputation locale, Ambroise Liébault, qui l'initie à l'hypnose telle que pratiquée à l'époque, c'est-à-dire essentiellement de la suggestion directe. Commence alors ce que l'on nomme « l'école de Nancy ». Bernheim s'opposera à son confrère Jean-Martin Charcot en affirmant avec raison que l'hypnose n'était pas un état pathologique assimilé à de l'hystérie, mais bien un fait « autonome », indépendant de la psychopathologie. Ses études sur la suggestion sont très poussées, et encore pleines d'enseignement.

•••

•••
Il considère cependant que la suggestion est un processus physiologique, et réduira l'hypnose à cette seule dimension.

Freud et l'hypnose

Jeune médecin, Sigmund Freud se forme à l'hypnose en partie auprès de Charcot, mais plus sûrement à la lumière des travaux de l'école de Nancy (Bernheim, Liébault...). Il rendit d'ailleurs visite à Bernheim pour un motif spécifiquement en lien avec la pratique de l'hypnose (une patiente qu'il avait du mal à hypnotiser).

Après son séjour parisien, Freud rentre à Vienne pour ouvrir son cabinet mais ne commence pas à pratiquer de suite l'hypnose, pour une raison que l'on ignore. Il y revient cependant avec une pratique assez dirigiste, très influencée par celle de Bernheim. Il développe la méthode dite « cathartique », qui reste une pratique dérivée de l'hypnose, avant de forger la psychanalyse. Il n'existe pas vraiment de rupture entre la pratique de l'hypnose par Freud et la psychanalyse, contrairement à ce que l'on peut parfois lire ça et là. Freud continua même à pratiquer l'hypnose au moins jusqu'en 1924, alors même que la psychanalyse était largement développée[1]. Même s'il existe un fossé entre l'hypnose dirigiste employée primitivement par Freud et la maturation de la psychanalyse faite par lui, pour autant la première méthode va donner naissance progressivement à la seconde, par étapes successives.

1. Bioy A. « Hypnose, psychothérapie et psychologie clinique », *Perspectives Psy*, 2005, 44 (5) : 346-354

Au moins historiquement, ces deux méthodes sont étroitement liées.[1]

L'intérêt pour la dissociation psychique

En partie initié par Pierre Janet, tout un champ se développa au cours du XXe siècle pour étudier l'hypnose sous l'angle de la dissociation psychique qu'elle instaure.

D'une certaine façon, on pourrait également voir les travaux de Hilgard sur l'observateur caché dans la lignée de ces recherches. Ce modèle postule que tout se passe comme si les patients, y compris en état de transe profonde, conservaient une forme de conscience active nommée « observateur caché » leur permettant notamment de coter la douleur durant l'expérience. Les patients apparaissent ici comme à la fois acteurs et observateurs de leur transe.

La dissociation psychique, qu'elle soit abordée sous l'angle des neurosciences ou de la psychologie semble être l'une des dimensions les plus prégnantes du phénomène hypnotique.

Milton Erickson

Milton Erickson, psychiatre américain, va révolutionner la pratique de l'hypnose dans la seconde moitié du XXe siècle et encore de nos jours. Sa vie, tourmentée par la maladie, et ses formidables talents de clinicien font qu'il est de nos jours érigé en icône, et que les livres qui retracent son parcours sont parfois très proches de l'hagiographie. Mais au-delà de la dévotion que ce personnage semble susciter actuellement, il est de fait que son apport dans l'histoire et l'évolution de l'hypnose est majeur.

1. Roussillon R., *Du baquet de Mesmer au « baquet » de Freud*, Paris, PUF, 1992.

Milton H. Erickson

Milton Erickson est né en 1901 dans le Nevada. Enfant atteint de daltonisme et de dyslexie, il souffre de poliomyélite à l'âge de 17 ans jusqu'à être presque totalement paralysé après un coma de 3 jours. Il « se rééduque » progressivement par autosuggestion et en observant sa petite sœur qui apprend la marche. Un épisode qui le confortera dans l'importance des phénomènes psychiques sur le physique. En troisième année de médecine, il assiste à un séminaire de l'expérimentaliste Hull portant sur l'hypnose, domaine qui le fascine immédiatement. Il commence à repenser et revisiter la pratique très classique de l'hypnose alors pratiquée. Il étudie la transe, jusqu'à collaborer avec l'anthropologue Margaret Mead sur ce point. Sa renommée tout autant que sa pratique de l'hypnose, se développent. À 51 ans, il est rattrapé par ses problèmes de santé (allergies, douleurs séquellaires, nouvelle crise de poliomyélite) dont il continue à tirer des enseignements et qui nourrissent sa pratique de l'auto-hypnose et de l'hypnose. Erickson amplifie également son activité d'enseignement et de transmission. Il crée en 1957 *l'American Society of Clinical Hypnosis* et devient le rédacteur en chef de *l'American Journal of Clinical Hypnosis*. Dans les années 1960 et 1970, ses élèves (Haley, Weackland, Rossi, Zeig...) commencent à rendre compte de son enseignement et tentent de structurer sa pratique pour être plus facilement transmise, notamment dans un cadre plus « orthodoxe ». Erickson continue sa pratique dans une simplicité qui tranche avec la renommée mondiale acquise. Il décède d'un choc infectieux en mars 1980, quelques mois avant le premier congrès international donné en son honneur et autour de son œuvre. Homme pragmatique, d'une grande créativité et intuition, il est considéré comme étant à l'origine plus ou moins directement de nombreuses techniques psychothérapeutiques (thérapies brèves, Palo Alto, PNL...).

Erickson met la communication au centre de sa pratique de l'hypnose et élabore toute une approche de la pratique hypnotique où la façon « d'être à l'autre », de rentrer en communication avec lui pour le mener à faire l'expérience de l'hypnose, est inédite. Il perçoit l'hypnose comme un état naturel, presque commun, qui constitue un temps pouvant être mis à profit pour réveiller des ressources internes et ainsi surmonter des difficultés rencontrées. Par l'usage fait des métaphores dans ce contexte, il développe en hypnose les pratiques utilisant l'analogie et fait de cette méthode un pendant fiable et puissant aux seules suggestions utilisées jusque-là.

Comme Freud et d'autres avant lui, il use de l'hypnose pour aider les patients à entrer en contact plus directement avec leur inconscient qu'il définit comme la somme d'expériences, de ressources, de processus difficilement appréhendables par un patient mais qui peuvent être utilisés pour franchir un obstacle, un conflit.

Les questions posées par l'histoire de l'hypnose

L'hypnose est historiquement la mère des psychothérapies modernes. Comme nous le verrons, l'hypnose peut être utilisée comme une méthode singulière, ou se coordonner avec d'autres méthodes de prise en charge. Elle pose des questions transversales à toutes les autres méthodes, mais elle les pose surtout de façon aiguë. Ce sont quelques-unes de ces questions que nous voyons à présent.

Fluide et magnétisme

La question qui se posa rapidement, une fois la théorie du fluide de Mesmer contredite par l'expérimentation (dès 1784) est de savoir comment l'on pouvait guérir par le seul « pouvoir » de l'esprit. Une question habituelle de nos jours lorsque se pose la question des psychothérapies, mais qui est pourtant loin d'être résolue. Cette question naquit avec l'hypnose et se poursuit notamment au travers d'elle avec tout un champ de questionnement sur ce qui peut produire un changement chez un patient.

Le fluide ne guérissait pas, puisqu'il n'existait pas : seule « l'imagination » des patients était en cause, c'est-à-dire des données propres à l'effet d'attente, à l'anticipation des résultats, à l'usage de la suggestion et à tout un jeu d'influences. De même, l'état hypnotique ne guérit pas non plus ; il n'a pas de vertu curative en soi et correspond simplement à une activation corticale différente dans des circonstances données. Alors, qu'est-ce qui, dans l'hypnose comme ailleurs, fait « effet » et se trouve susceptible de permettre au patient d'amorcer un changement? Actuellement, on s'accorde à penser que différentes données, d'ordre à la fois individuel, contextuel et relationnel, seraient impliquées. Des données que l'on retrouve notamment dans les réflexions et études autour de l'effet placebo[1] et précisément des liens entre ces études et l'hypnose[2].

L'hypnose ne serait-elle qu'un vaste effet placebo? Sans doute en partie ! « Effet placebo » ne veut pas dire comme on le pense souvent « qu'il n'y a rien », que les effets sont simulés par les patients à leur insu. L'effet placebo désigne ce qui n'est pas explicable par des données contractuelles, facilement contrôlables, mais qui relève d'une alchimie complexe mêlant données somatiques et psychiques difficilement opérationnalisables. L'hypnose procède, en cela, comme l'effet placebo et partage sans doute avec lui des déterminants communs, comme l'affirment notamment Zarifian, Keller[3] et Roustang[4].

Dans l'effet placebo, comme en hypnose, on est bien face à un esprit qui s'anime différemment, dans un contexte

1. Zarifian E., *Des paradis plein la tête*, Paris, Odile Jacob, 1994 ; Keller P.H., *Le dialogue du corps et de l'esprit.*, Paris, Odile Jacob, 2006.
2. Roustang F., *La Fin de la plainte.*
3. Keller P, *Le Dialogue du corps et de l'esprit.*
4. *Op. cit.*

particulier, chez des individualités, et dont les effets vont avoir de multiples répercussions sur des plans physiques, psychologiques et sociaux.

> Paul est un patient hémophile[1]. Hospitalisé pour un saignement articulaire, il décrit une douleur intense qu'il cote à 8 sur 10. L'hypnothérapeute (avec qui Paul a déjà fait des séances) vient le voir, et lui propose de comparer sa douleur à une note de musique. Sous hypnose, Paul met sa note en scénario, imaginant qu'il est Ulysse devant échapper au chant des sirènes. La séance s'achève, la douleur de Paul (sans aucun traitement) est passée de 8 sur 10 à « 0 ou 1 sur 10 ». Au regard des connaissances médicales actuelles, cela est difficilement envisageable. Pourtant, cette analgésie hypnotique durera plusieurs heures. D'autres données, inhérentes à l'histoire de Paul, à son attente que l'hypnose fonctionne (comme il en avait déjà fait l'expérience auparavant), à la qualité de sa relation au praticien, mais aussi aux attentes des deux protagonistes sont très certainement en cause. L'hypnose est ici très proche, voire assimilable, aux mécanismes en jeu dans l'effet placebo.

S'il est pour l'heure difficile de pouvoir affirmer avec précision quels sont ces mécanismes, ceux de l'évolution, du changement, du « être et se ressentir autrement », pour autant ils sont bien

1. Maladie héréditaire où le sang ne coagule pas normalement. Les saignements durent ainsi plus longtemps et notamment les saignements internes, mettant en danger l'individu hémophile.

réels car ressentis comme tels par les patients et demandent à être étudiés (et compris) plus avant. De nombreuses études sur l'hypnose ont cela pour objectif, cette méthode étant parmi les plus complexes en ce domaine, mais aussi l'une des plus riche.

Influence et suggestion

Comme nous venons de le dire, l'hypnose est une façon de changer, voire de guérir[1], par l'esprit. En effet, il ne s'agit pas d'une médication (même si l'hypnose est parfois abusivement considérée comme telle), et cette méthode vient mobiliser avant tout les ressources propres, internes, des patients.

La question que pose ici l'hypnose, et qui intéresse toutes les formes de relation d'aide, est celle du principe d'influence. Autrement dit, qu'est-ce qui, chez le thérapeute (la façon dont il est, ce qu'il dit, ce qu'il transmet, et la manière dont il se comporte), va se trouver saisi par le patient et participer à sa réflexion, son évolution affective, son comportement?

Le patient est en recherche d'aide lorsqu'il rencontre le thérapeute. Autrement dit, il se trouve dans une situation pour lui problématique et à laquelle il pense ne pas pouvoir apporter de solution seul. Il s'adresse (selon la célèbre formule de Lacan) à un « sujet supposé savoir » dont il espère le soutien, l'aide et bien souvent les conseils. Le patient se trouve donc dans un état de réceptivité importante. Et cette réceptivité est d'autant plus importante lorsque l'on parle d'hypnose, puisqu'à

1. Nous donnons ici à « guérir » un sens plus large qu'en médecine, et entendons par ce terme la résolution d'un problème donné, considéré par le patient ou assimilé comme pathogène, de façon analogue à une maladie, un trouble, ou une fébrilité

cette méthode est souvent associée (bien que cela soit faux) à une *pseudo* docilité de l'hypnotisé et une domination toute puissante de l'hypnopraticien[1]. Il s'agit bien évidemment de représentations sans fondement autre qu'historique (puisqu'il est vrai qu'à l'origine, l'hypnose se donnait cet apparat qui correspondait à une pratique très dirigiste) mais sur le terrain, elles continuent à avoir cours.

Les représentations de l'hypnose

Une simple expérience permet de mieux appréhender ce que « le commun des mortels » perçoit de l'hypnose. Voici son déroulé.

Demandez à une personne que vous connaissez ce qu'est l'hypnose. Vous obtiendrez sans nul doute la plupart du temps des représentations stéréotypées (une sorte de sommeil, le patient léthargique et sous contrôle de l'hypnotiseur, etc.). Maintenant, organisez une fausse séance d'hypnose : demandez à l'autre ce que vous devriez faire si vous étiez un « vrai hypnotiseur » et comment l'autre personne se comporterait si elle était « réellement hypnotisée ». Puis, mettez en scène avec chaque détail ce qui a été dit. Dans nombre de cas, la personne « qui aura été hypnotisée » selon la méthode qu'elle aura choisie ressentira effectivement qu'il s'est passé quelque chose... Simplement parce qu'elle aura attendu de cette mise en scène en fonction de ses représentations un certain nombre de perceptions !

L'influence est en fait inhérente à tout acte de communication. Dans l'histoire des psychothérapies, Freud, au moment où il bâtissait la psychanalyse dans cette perspective, a cru pouvoir l'éviter (et de fait souhaita s'éloigner de l'hypnose un temps pour cette raison), mais il dût rapidement admettre que cette

1. Terme générique désignant un praticien de l'hypnose, qu'il soit hypnothérapeute (psychothérapeute utilisant l'hypnose) ou qu'il ait une pratique médicale pure comme l'hypnosédation (hypnose à visée d'anesthésie).

entreprise était vaine. La présence la plus neutre possible d'un thérapeute, sa seule écoute, est déjà influence puisque soumise à l'interprétation du patient. La particularité qu'occupe l'hypnose est non seulement de ne pas écarter cette influence, mais d'en faire l'une des pierres angulaires des suivis, notamment par la place donnée aux suggestions. Ceci engage une double donnée. D'une part, l'expérience du thérapeute et sa déontologie le guident vers un usage le plus éclairé possible de cette donnée ; d'autre part, « influence » ne veut pas dire « domination » et le libre arbitre du patient va venir modeler cette donnée de façon importante, amenant le praticien à avoir un regard éclairé et aussi pertinent que possible sur les enjeux de la relation.

Synthèse

L'hypnose fait intervenir à la fois des données psychologiques, physiologiques et environnementales/contextuelles. Son histoire, ancienne et riche, a fait évoluer sa pratique de façon importante et l'intérêt porté à l'hypnose ouvre à la fois de nombreux débouchés et questions qui la concernent, mais qui, de façon plus vaste, concernent tout le champ des psychothérapies et de la relation d'aide.

Les pratiques de l'hypnose

Les questions auxquelles répond ce chapitre :

- Existe-t-il des « écoles » de pratique ?
- Qu'appelle-t-on « hypnose ericksonienne » ?
- Qui peut pratiquer l'hypnose ?
- Quelle formation un hypnopraticien a-t-il reçu ?
- L'hypnose est-elle une pratique médicale ou psychologique ?

Les courants en hypnose

L'hypnose ericksonienne

L'hypnose ericksonienne est sans conteste la forme d'hypnose la plus pratiquée dans le monde. La figure qu'a été Milton Erickson y est certainement pour beaucoup, de même que le travail de perduration de son œuvre mené par ses disciples (Rossi, Zeig, Haley...).

Mais c'est aussi parce que l'hypnose ericksonienne est certainement celle qui est le plus en phase avec les aspirations actuelles en matière de relation d'aide : il s'agit de la forme d'hypnose qui semble la plus rationnelle, la plus facilement transmissible, qui permet le plus aisément de parler de notion d'efficacité et surtout la plus universelle car utilisant des principes larges de communication, qui, nous l'avons rappelé, existent dans d'autres champs que ceux de l'hypnose.

Quelques bases conceptuelles

Pour les ericksoniens, comme pour les psychologues humanistes, l'Homme est en constante évolution positive[1]. Autrement dit, il apprend de ses expériences, se réalise progressivement, construit sa vie par étapes successives et fluides. Pour ce faire, il dispose de nombreuses ressources internes (certaines innées mais la plupart acquises). Il arrive cependant que ce principe de maturation se trouve parasité. Quelle que soit la cause de cet arrêt dans la progression naturelle du patient, les incidences se feront ressentir. Paralysé, l'individu n'arrive plus à retrouver les ressources nécessaires pour « rebondir ». Là intervient le thérapeute qui va aider au réveil de ces ressources internes. Peu importe la nature des ressources ou encore la « cause profonde » de la difficulté : ce qui doit être mobilisé dans l'inconscient du sujet peut l'être quoi qu'il en soit. Le thérapeute est là pour stimuler le patient, l'aider au changement si celui-ci doit advenir.

L'hypnose ericksonienne, si elle possède des soubassements conceptuels, est cependant a-théorique. C'est la raison pour laquelle les principes de communication qui en sont issus

1. Bioy A., Maquet A., *Se former à la relation d'aide.*

peuvent être utilisés dans d'autres champs (comme en hypnoanalyse). Elle n'offre pas non plus de théorie de la personnalité. Étant entièrement tournée vers la perspective de changement, l'hypnose ericksonienne n'inclut pas en tant que tel de « phase diagnostique ». Si un diagnostic doit être établi, il s'agit surtout de rassembler des connaissances dans une visée de construction des séances d'hypnose à venir. Ainsi, le choix des techniques utilisées pour induire l'état d'hypnose sera différent selon que l'on s'adresse à une personnalité anxieuse ou à une personnalité dite « borderline ».

Cependant, cette absence de théorie de la personnalité va de pair avec une certaine façon d'envisager la dynamique psychique humaine. En particulier, nous rappelle le psychiatre François Thioly[1], l'hypnose ericksonienne s'accorde avec les principes élaborés par Lankton et Lankton :

- Les explications, les théories ou les métaphores utilisées pour exprimer ce que vit une personne ne sont pas la personne ;
- Notre comportement repose sur nos « cartes intérieures » (modèles du monde) et non pas directement sur notre expérience sensorielle ;
- Rencontrer le patient à l'intérieur de son modèle du monde ;
- On ne peut pas ne pas communiquer ;
- Ce que l'on fait représente le meilleur choix possible à un moment donné ;
- Tous les messages émis par la personne doivent être pris en considération ;

1. Cycle de Formation de l'Institut Français d'Hypnose à l'Hypnothérapie, cours « La communication Ericksonienne », 2000.

– Enseigner le choix, ne jamais tenter de le restreindre ;
– Les ressources dont le patient a besoin sont contenues dans son histoire personnelle (de même : le mécanisme utilisé pour créer ou maintenir un problème est le mécanisme qui doit être utilisé en vue du changement) ;
– La personne qui a la plus grande souplesse ou le plus grand nombre de choix possibles est l'élément qui contrôle le système relationnel ;
– Si c'est compliqué, simplifier (décomposer les problèmes) ;
– La communication humaine s'établit sur de multiples niveaux; ses effets les plus significatifs sont déterminés par la communication non consciente.

La pratique

Erickson, nous l'avons dit, a développé une approche communicationnelle que ses disciples ont théorisée en mettant des mots derrière les techniques : suggestions indirectes, validation, double lien, etc. Mais l'essence même de la technique ericksonienne est sans doute l'usage fait du langage métaphorique et de la métaphore au sens large (construction d'un récit par analogie avec ce que le patient dit de lui-même confronté à la situation qui le déséquilibre).

Plus globalement, on pourrait dire que la pratique ericksonienne est une forme de psychopédagogie : la dimension éducative de cette approche n'est certes pas visible d'emblée, mais elle constitue pourtant le nœud de la relation tissée avec le patient. Le thérapeute est un peu à l'image d'un pédagogue bienveillant qui cernerait la façon dont son patient vit une difficulté pour l'amener à poser autrement les termes du problème et qu'il puisse ainsi envisager d'autres solutions, en s'appuyant sur ses propres ressources de raisonnement, perceptives, et autres.

Pratiques apparentées

L'hypnose ericksonienne peut constituer un outil se mariant fort bien avec d'autres approches. Notamment, elle peut constituer un support privilégié pour border certaines pratiques utilisées en thérapies cognitives et comportementales (TCC). Ainsi, la technique d'exposition, qui est le fait de confronter physiquement un patient avec par exemple l'objet de sa phobie, dans une visée d'habituation. Par hypnose, le patient peut visualiser l'objet en question et trouver des ressources réelles ou symboliques progressivement.

> Jeanne est une jeune patiente de 12 ans qui souffre de phobie scolaire. Voici un extrait du travail qui lui est proposé alors qu'elle est hypnotisée.
>
> – « Il est maintenant 8 heures, et après avoir observé tout ce qui s'est passé jusque-là, tu peux maintenant descendre du bus qui te dépose au collège. Dis-moi ce que tu ressens.
>
> – J'ai les jambes qui sont comme du coton, elles tremblent... J'ai l'impression que je vais tomber...
>
> – Peut-être qu'en même temps que tu laisses tes jambes exprimer ce qu'elles expriment, tu pourrais simplement observer comment le reste de ton corps se sent. Tu portes ton sac en bandoulière ? [La patiente acquiesce.] Tu peux ressentir la lanière sur ton épaule ? Parfois cette lanière peut paraître plus légère ou bien plus lourde. Et même lorsque ton épaule est fatiguée, n'en a pas envie ou autre chose,

elle peut décider de continuer à porter cette lanière qui soutient ton sac qui contient toutes les choses dont tu as besoin dans une journée. Souvent, on ne sait plus vraiment tout ce que l'on a dans un sac que l'on utilise tous les jours... On y laisse des choses, on en retire d'autres, et parfois quelque chose dont on a vraiment besoin, on peut le retrouver à cet endroit alors que l'on avait complètement oublié qu'il s'y trouvait...

– Oui.

– Peut-être tout à l'heure on y trouvera quelque chose que tu as oublié, mais dont tu pourrais avoir besoin. Et tes jambes te mèneront sans doute à cet endroit où ce sera le moment pour moi de chercher ce dont tu as vraiment besoin. Penses-tu que tu puisses leur demander de faire cela ?

– Oui.

– Et elles peuvent être curieuses de ce qu'elles vont aider à trouver. Souvent, la curiosité pour découvrir quelque chose donne une sorte de force, une envie d'aller voir ce qui se passe... Peux-tu simplement observer où tes jambes vont te mener ? [La patiente fait un « oui » de la tête.] Sens comme ton corps tout entier peut suivre ce mouvement des jambes et combien ta respiration semble marquer un rythme à ta marche... Comment tu ressens tes jambes en ce moment ?

– Je crois qu'elles ont moins peur, qu'elles savent où elles vont.

– ...Et saurais-tu leur faire confiance ?

> – Je crois.
> – Alors tu peux simplement continuer, si tu veux bien. Il est quelle heure et où te trouves-tu à présent ? »

Les règles de la technique d'exposition sont respectées (démarche volontaire, annoncée, complète, etc.) et notamment les manifestations anxieuses seront retrouvées dans un cas comme dans l'autre. Mais, outre le côté pratique de ne pas avoir à se fournir l'objet phobique ou se déplacer, l'hypnose va ouvrir la palette des solutions du patient. Y compris une solution symbolique qui aura une résurgence sur la façon dont le patient vit après la séance sa difficulté, et cette fois dans le réel. La technique se présente alors comme à la fois plus souple, mais aussi faisant appel de façon plus intime et riche à toutes les possibilités de la psyché humaine. Notons d'ailleurs que certaines approches en TCC incluent des séances de relaxation, parfois proches d'un travail hypnotique pur.

Nous pouvons également citer l'usage qu'il est possible de faire cette fois des techniques de communication développées en hypnose ericksonienne et d'autres champs, comme par exemple celui des thérapies familiales et systémiques. La méthode ericksonienne permet notamment de faire « de l'hypnose sans hypnose » (sans induction d'un état hypnotique franc) et notamment de s'adresser à une personne en discutant avec une autre dont on sait qu'elle entend ce qui est dit. Une pratique tout à fait commode dans les situations de conflits familiaux... Certains jeux de rôles organisés en thérapies familiales peuvent ainsi être très proches d'un travail que l'on peut faire en hypnose ericksonienne, à l'image de ce que pratique le disciple d'Erickson, Jeffrey Zeig. Ainsi, en se concentrant sur l'attitude de l'autre, mimant ainsi la façon dont on perçoit son attitude, on peut – dans le réel et par un travail perceptif autour des corps et de la position – trouver d'autres ressources pour vivre autrement la situation. L'alliance hypnose/approche systémique est ici très prolixe et ouvre de nombreuses possibilités.

L'hypnoanalyse

L'hypnoanalyse, comme son nom l'indique, est la combinaison de deux approches : celle de l'hypnose et celle de la psychanalyse.

L'hypnoanalyse s'est surtout développée aux Etats-Unis (Lewis Wolberg, John Watkins...), sans doute du fait que ce pays s'est approprié la psychanalyse plus librement qu'en Europe, et qu'il a aussi été le berceau de la « nouvelle hypnose » d'Erickson. La pratique connaît cependant un écho certain sur nos rives, que l'on parle d'hypnoanalyse « pure » ou de ses dérivés, comme le rêve éveillé.

Quelques bases conceptuelles

Les bases conceptuelles de la pratique vont être puisées dans l'une des écoles de psychanalyse, et en particulier dans l'école freudienne, junguienne ou celle de Ferenczi (courant dit « empathiste »). Tous ces auteurs ont d'ailleurs pratiqué l'hypnose à un moment ou à un autre de leur carrière.

Si toute la « métapsychologie » (ensemble des théories psychanalytiques) se retrouve en hypnoanalyse (hypothèse de l'inconscient et de ses éléments refoulés, etc.), pour autant, certains concepts vont avoir une grande importance. En particulier, la notion de régression et les concepts qui y sont liés comme celui de transfert ou encore de partage de données intersubjectives entre thérapeute et patient.

La pratique

L'hypnose est indissociable de la notion d'état hypnotique, qui va être induit plus ou moins directement. L'état hypnotique permet à un individu, selon l'approche hypnoanalytique, de retourner à un mode de fonctionnement psychique antérieur à son stade de développement psychoaffectif actuel (on parle de mode archaïque de fonctionnement psychique). Dit de façon un peu caricaturale, le patient va revivre et reproduire avec l'hypnose un mode de fonctionnement psychique identique à celui par exemple qu'il avait aux premiers temps de la vie. Le travail en hypnose va ainsi permettre d'explorer « le monde psychique » antérieur tout autant que l'actuel, dans un même lieu et dans un même temps.

L'hypnose peut également faciliter le retour de souvenirs ou de pseudo souvenirs enfouis et permettre, par exemple, de retourner aux sources d'un traumatisme en respectant les défenses psychiques du patient mais en contournant certaines résistances. Pour autant, on est loin des affabulations qui prétendent que par hypnose, on peut retrouver des traces de vies antérieures.

Plus globalement, l'hypnose va permettre une « logique de transe » où le patient vit ses productions psychiques sur un mode très analogue à celui d'un rêve. Ceci permet bien sûr de décrypter les éléments ramenés par le patient comme on le ferait avec un rêve (principe de symbolisation, par exemple) en utilisant les conceptions analytiques.

> Mathilde est une patiente alcoolique. Elle est suivie pour ce trouble, dont l'un des éléments déclenchant est le moment où elle considère que sa mère l'ignore

> ou ne veut pas voir ses difficultés. Elle en a parlé avant la séance d'hypnose, et en état hypnotique, ces éléments réapparaissent autrement.
>
> – « Je marche jusqu'à une sorte de cercle blanc. Je me rends compte en fait que c'est un igloo. J'hésite à entrer. Il y a comme une odeur... De cuisine, d'épices... Je me souviens de cette odeur, que je sentais parfois dans la cour où je jouais...
>
> – Vous pourriez me décrire cette odeur ?
>
> – C'est difficile... Quelque chose d'un peu âcre, qui vous pénètre même lorsque vous ne voulez pas la respirer... Et qui colle à la peau, dont il est difficile de se défaire. C'est rattaché à tellement de choses... Et en même temps, qui change de forme, comme si c'était autre chose...
>
> – Cette odeur vous accompagne, maintenant ?
>
> – Oui, j'essaye de rentrer dans cet igloo... Je me demande s'il y fait froid et en même temps ça me protégerait du froid. Mais il y a comme une force, je ne peux pas rentrer, comme si la force me repoussait dans le froid chaque fois que j'essaye d'entrer... ».
>
> Ainsi symbolisée, la difficulté relationnelle de Mathilde pourra être l'occasion d'un travail spécifique qui sans doute se déroulera plus facilement que si cette difficulté avait été abordée « plus frontalement ».

L'hypnoanalyse autorise également les interprétations sur la dynamique psychique d'un individu ainsi que sur des liens entre les éléments évoqués et tout contenu et vécu ramenés au cours de la séance d'hypnose. Plus généralement, une séance peut également être analysée comme on le ferait en situation de cure analytique.

En d'autres termes, l'hypnoanalyse utilise les conceptions analytiques, mais certains éléments liés notamment à la régression et aux phénomènes de transfert seront amplifiés d'une part par l'état hypnotique, et d'autre part par la situation hypnotique, qui favorise un relationnel symboliquement très intime et parfois très proche des relations enfant-parents (Ferenczi puis Freud parlaient d'hypnose paternelle et maternelle).

À noter que tout un courant s'est développé en hypnoanalyse autour précisément de ces données relationnelles. À la suite des notions développées par Ferenczi (voire par Kohut), la relation hypnoanalyste/patient est l'objet d'une attention particulière, et analysée selon le concept d'empathie, perçu comme un vécu subjectif particulier et particulièrement riche d'informations sur les données psychiques en présence[1].

Pratiques apparentées

Le rêve éveillé en psychanalyse est sans doute l'une des pratiques apparentées parmi les plus importantes. L'hypnose favorise en effet la symbolisation des vécus affectifs, émotionnels et perceptifs et autorise ainsi un décodage de type analytique. Bien que le rêve éveillé (initié par Robert Desoille) ne soit pas initialement une pratique en lien avec la psychanalyse, son développement par la suite dans le champ de la « science des profondeurs » peut être vu comme une variante de l'hypnoanalyse du fait de l'induction d'un état modifié de conscience et de son usage

1. Palaci J., « Empathie et relation », in : Stengers I. (dir.) *Importance de l'hypnose*, Le Plessis Robinson : Les Empêcheurs de penser en rond, 1993, 219-230.

au sein d'une conceptualisation psychanalytique (freudienne ou junguienne). Notons qu'il existe un autre courant dans le domaine du rêve éveillé, celui développé par le psychologue Oleg Poliakow[1], dans une perspective plus phénoménologique.

Une autre pratique apparentée est celle issue de la psychologie du moi (*Ego Psychology*) et des auteurs qui ont fait un rapprochement entre ce courant principalement américain et l'hypnose (en tant que dissociation psychique et instaurant une régression du moi). Mais cette pratique ne se retrouve pas véritablement en France. Elle illustre en tout cas à quel point l'hypnoanalyse peut être à la fois un outil d'investigation psychique, un procédé thérapeutique (y compris dans une stratégie de prise en charge brève), et une façon de penser et d'enrichir les concepts analytiques.

Autres pratiques hypnotiques

De l'hypnose sont nées certaines autres pratiques, qu'il s'agisse d'une filiation directe ou « de cœur ». Cette filiation n'est pas toujours reconnue par les tenants d'autres courants, bien que des liens de parenté existent de façon plus qu'évidentes. Nous avons bien sûr donné l'exemple de l'école de Palo Alto (Watzlawick, Bateson...), directement influencée par Milton Erickson, et qui a à son tour influencé le développement des thérapies familiales et systémiques. D'autres courants peuvent également être cités, nous en répertorions certains ici.

1. Poliakow O., « L'hynothérapie onirique », in Bioy A., Michaux D. (dir), *Traité d'hypnothérapie. Fondements, méthodes, applications*, 79-118.

La programmation neuro-linguistique (PNL)

Il s'agit principalement d'une modélisation autour de principes de communication entre individus, élaborée par Richard Bandler (linguiste) et John Grinder (informaticien et mathématicien). Cette modélisation utilise très largement des concepts ericksoniens (dont la notion de ressources, la prise en compte des croyances...) mais également de l'école de Palo Alto (dont le précepte « la carte n'est pas le territoire ») et bien sûr des concepts qui ont accompagné le développement de ces pratiques comme la psychologie rogérienne (dont le principe de congruence). Certaines notions sont cependant propres à la PNL, comme par exemple la modélisation faite par Robert Dilts du rapport au réel d'un individu appelé « niveaux logiques » (prolongeant les travaux de Bateson). Schématiquement, la PNL propose de développer une intelligence relationnelle qui va avoir des effets bénéfiques tant individuellement que sur la façon dont un individu vit ses relations aux autres. Il s'agit avant tout d'une voie de développement personnel.

Au-delà des emprunts à Erickson et consorts, on retrouve l'influence de l'hypnose sur la PNL notamment dans les exercices de visualisation des « situations ressources » qui sont proposés, ou encore dans les exercices d'ancrage, même si la PNL l'a considérablement élargi[1]. Certains concepts de la PNL sont parfois utilisés en retour par des hypnothérapeutes ericksoniens, notamment dans les phases d'induction de l'état hypnotique (comme la modélisation autour des canaux sensoriels qui renseignerait sur la façon dont un patient appréhende

1. Bandler R, Grinder J., *Le Recadrage. Transformer la perception de la réalité avec la PNL*, Paris, InterEditions, 1999.

préférentiellement son monde : de façon visuelle, auditive, kinesthésique, olfactive ou gustative[1]).

L'EMDR

Cet acronyme signifie *Eye-movement Desensitization and Reprocessing* (désensibilisation et retraitement par mouvement oculaire). L'EMDR est apparue à la fin des années 1980, aux États-Unis, sous l'impulsion de Francine Shapiro[2] qui est membre de l'Institut de Recherche de Palo Alto. Il s'agit d'une méthode psychothérapeutique brève utilisant la stimulation sensorielle (mouvement des yeux, stimuli auditifs ou cutanés) pour obtenir la disparition de symptômes liés avec des événements du passé. Si l'EMDR traite principalement des syndromes de stress post-traumatiques, pour autant le champ de ses indications s'élargit progressivement.

La proximité avec le travail en hypnose est très importante : « mise en condition » du patient par l'induction d'un état modifié de conscience à visée de relaxation, focalisation de l'attention sur un stimulus puis sur les ressentis intimes, visualisation d'images et exploration de celles-ci, technique d'ancrage, etc. En fait, on pourrait penser que le spécifique de cette approche réside dans les stimulations sensorielles en lien avec le fonctionnement cortical du patient. Sauf que précisément les explications neurologiques des chercheurs sur l'EMDR sont pour le moins sujettes à des questionnements (comme d'ailleurs les fondements neurologiques de la PNL

1. Système appelé « VAKOG »
2. Shapiro F., *Eye-movement Desensitization and Reprocessing : basic principles, protocols and procedures*, NY, Guilford Press, 2001.

posent question). Nombre de praticiens EMDR sont également hypnothérapeutes, le plus souvent ericksoniens.

Sophrologie et relaxation

La sophrologie (du grec *sos* : tranquille, harmonieux ; *phrein* : conscience, cerveau ; *logos* : discours, étude) est une forme de pédagogie de l'existence, qui vise un équilibre entre pensées, émotions et comportements chez un individu (étymologiquement, étude de la conscience en harmonie, la notion de conscience renvoyant ici à l'ensemble des fonctions de l'Homme). Cette pédagogie s'appuie sur une meilleure conscience de soi, et le renforcement des structures positives d'un être. Elle peut avoir des visées médicales ou psychothérapeutiques.

La sophrologie a été théorisée par Alfonso Caycedo (un psychiatre d'origine colombienne formé à l'hypnose et qui la pratiquait) dans les années 1960. Elle trouve notamment son inspiration dans les techniques orientales de méditation, le yoga et la relaxation occidentale (Caycedo a ainsi développé la pratique de la « relaxation dynamique » et ses étapes, notamment pour une pratique de groupe).

Pour beaucoup, la sophrologie peut avoir les apparences d'une forme d'hypnose s'inscrivant dans une conceptualisation zen. En cela, il s'agit d'une méthode complète, qui a su progressivement se détacher d'une pratique hypnotique « classique » pour construire son propre cadre de pratique et ses propres références. Néanmoins, elle continue à partager avec l'hypnose l'usage d'un état modifié de conscience (appelé état sophronique) et un ancrage psychocorporel important.

Il est plus difficile de caractériser **la relaxation** et de donner ses liens avec l'hypnose, tant les écoles de relaxation sont légions. À l'inverse de la sophrologie qui bénéficie d'une orientation conceptuelle claire (même si des variantes existent), presque chaque grande école de psychothérapie a développé sa propre école de relaxation. Mais nous pouvons dire que là aussi, la relaxation partage avec l'hypnose l'induction d'un état modifié de conscience (appelé état de relaxation). En revanche, si l'hypnose provoque un état de détente mentale, pour autant cette détente n'est pas recherchée en soi alors qu'elle est le but en relaxation.

Images de transformation (IT)

En 1980, Marie-Lise Labonté crée une approche psychocorporelle qu'elle nomme « Approche globale du corps ». Cette approche évolue et devient en 1999 la « Méthode de libération des cuirasses » (terme emprunté à Wilhelm Reich) puis se trouve complétée par la méthode des « images de transformation »[1]. Cette dernière méthode a pour but d'explorer les « images d'enfermement » prises dans l'inconscient et ainsi de mettre à jour les schémas destructeurs qui empêchent les individus « d'être ». La méthode de Labonté et Bornemisza a pour socle de sa pratique la visualisation (imagerie réceptive, imagerie de guérison...) et des techniques de relaxation.

Si l'on exclut le fond conceptuel qui relève plus d'un gentil syncrétisme que d'une véritable pensée scientifique, on note que cette méthode propose un « nouveau » cadre thérapeutique de pratique à partir d'exercices utilisant purement et simplement

1. Labonté M.L., Bornemisza N., *Se guérir grâce à ses images intérieures*, Paris, Albin Michel, 2006.

l'hypnose. Ceci est sans doute à attribuer au fait que la pratique des IT est très proche de la méthode Simonton, qui constitue elle-même une variante des pratiques en hypnose.

Si l'on considère l'hypnose pour ce qu'elle est (un état modifié de conscience induit, une méthode psychocorporelle, un accompagnement de ces états), force est de constater que nombre de techniques s'inspirent de leur « grande sœur », parfois sans le dire. Pour essayer de faire la part des choses, on pourrait dire qu'une méthode inspirée originellement par l'hypnose (comme la sophrologie) ou usant des mêmes ressorts pratiques (comme la relaxation) cesse d'être une ramification de l'hypnose dès lors qu'elle s'inscrit dans un cadre conceptuel et théorique qui lui est propre (non emprunté à d'autres champs et remodelé dans un tout plus ou moins cohérent) et qu'elle va développer d'autres techniques que celles connues dans l'hypnose, qui vont lui être spécifiques.

Si l'hypnose n'est évidemment pas au centre de toutes les thérapies et ne doit pas être « vue » partout, on peut cependant constater que de nombreuses pratiques, notamment psychocorporelles, présentées comme nouvelles ne sont en fait que des fragments de ce qui est pratiqué en hypnose, de façon bien plus antérieure. Donner un « coup de peinture » théorique ou modifier les apparats conceptuels ne modifie pas la structure réelle d'un bâtiment...

Les hypnopraticiens

Le terme d'hypnopraticien désigne très simplement l'ensemble... des praticiens de l'hypnose ! Parfois, l'anglicisme « hypnotiste » est utilisé. Le terme d'hypnopraticien désigne le plus souvent un praticien médecin ou paramédical de l'hypnose, qui va utiliser cette méthode à visée symptomatique et le plus souvent en complément d'autres approches plus classiques. Par exemple, dans le cas des douleurs chroniques, un médecin hypnotiste aidera le patient à utiliser l'hypnose pour gérer ses crises douloureuses aiguës en plus des antalgiques de fond. Ou encore une infirmière fera une séance à un patient pour le détendre, l'aider à gérer son stress et favoriser l'immobilité avant une ponction lombaire.

Les hypnothérapeutes

Lorsque l'hypnose est utilisée à visée psychothérapeutique (avant tout psychologues et psychiatres), on parle pour ses praticiens « d'hypnothérapeutes ». Le terme « hypnoanalyste » s'y substitue parfois lorsque l'hypnose est utilisée dans un cadre conceptuel psychanalytique. Mais cette classification appartient bien à celle des hypnothérapeutes.

La pratique de l'hypnothérapie est moins axée autour du symptôme, et vise essentiellement au changement (niveau comportemental, cognitif, affectif, émotionnel). Ici, la souffrance est placée au centre de l'approche, ainsi que le désir de changement du patient et ses conditions réelles.

Il s'agit par exemple d'un hypnothérapeute qui aidera le patient à être soulagé d'une phobie invalidante, qui aidera à la gestion d'un traumatisme dont les racines peuvent être très précoces, ou encore qui aidera un patient à réinvestir une image du corps fortement perturbée par des médications, comme la chimiothérapie.

Réflexions

Même si les champs « de partage » peuvent être clairement dits en théorie, il reste que certaines limites entre la pratique des hypnotistes et celles des hypnothérapeutes se juxtaposent parfois. D'une part, l'hypnose étant une technique psychocorporelle qui s'intéresse à l'humain dans sa globalité, il peut résulter d'un accompagnement purement symptomatique des effets psychothérapeutiques, même à l'insu des parties en présence ; d'autre part, le soulagement d'un symptôme physique peut apparaître « de surcroît » aux détours d'un accompagnement hypnothérapeutique.

Synthèse

Comme on peut s'en rendre compte, indiquer qu'il existe plusieurs pratiques en lien avec l'hypnose est fondamental. Pour un praticien de l'hypnose, la formation initiale, la formation continue et son expérience vont déterminer, non seulement un usage précis de la méthode dont il est question, tout autant que le type de population qu'il peut prendre en charge. Bien sûr, comme dans toute discipline, certains professionnels s'improvisent « omnipraticien » et prétendent être autant hypnotiste qu'hypnothérapeute. Une vigilance reste nécessaire pour ces cas isolés puisque, comme nous l'avons indiqué, l'une et l'autre de ces branches réclament des compétences propres, acquises dans le temps et au sein de sa profession d'origine. Si l'hypnose, comme nous l'avons vu, se retrouve dans plusieurs écoles de pensée et de pratique différentes (PNL, etc.) pour autant, un usage éclairé des mouvements psychiques et somatiques qu'elle induit reste nécessaire, et demande un savoir qui est loin d'être inné ou relevant de la simple intuition. Il revient tant au praticien d'exercer sa pratique dans des règles déontologiques strictes, qu'au consultant de s'assurer de la clairvoyance et de la formation de son thérapeute (nous aurons l'occasion d'y revenir).

Indications et méthodes

Les questions auxquelles répond ce chapitre :

- Quelles sont les indications de l'hypnose ?
- Peut-on pratiquer l'hypnose dans toutes les situations de soin ?
- Existe-t-il des contre-indications formelles ?
- Quels « outils » le praticien de l'hypnose manie ?
- L'hypnose n'est-elle qu'une affaire de créativité et d'imagination ?

Les champs d'application

L'état hypnotique est un état banal, dans lequel chacun d'entre nous se plonge spontanément dans différentes situations. Ainsi, « faire de l'hypnose » avec un patient pour lutter contre un symptôme revient à aider ce dernier à utiliser une ressource qu'il possède déjà (*a priori* de façon innée) à un moment où il n'a pas pensé à en faire usage.

« Faire de l'hypnose »

L'hypnose est une ressource spontanée possible, et l'aide d'un praticien spécialisé peut aider à en avoir un usage inédit sinon dans la forme, au moins dans les moments où nous l'utilisons.

- Sans doute avez-vous déjà fait l'expérience d'une petite douleur que l'on peut avoir dans une partie du corps (céphalées, lancement après s'être cogné au coude, etc.). Si votre attention est plongée dans un film au cinéma, alors cette douleur devient moins importante, voire même « n'existe plus », au moins le temps de la séance. Un hypnotiste par exemple va aider la personne douloureuse en question à reproduire de façon volontaire cette ressource naturelle en l'aidant à focaliser son attention par exemple sur autre chose que la douleur, sans forcément être au cinéma !
- Lors d'un événement désagréable, certaines personnes adoptent spontanément des attitudes « pour se calmer », comme le fait de respirer profondément deux ou trois fois. Le travail du praticien de l'hypnose sera d'aider le patient, à partir de ce qu'il fait déjà, à aller plus loin. Dans l'exemple donné, il sera par exemple proposé au patient de centrer son attention au moment de ses profondes respirations sur ses narines, jusqu'à ressentir, au moins à cet endroit, de la fraîcheur au moment de l'inspiration et de la chaleur au moment de l'expiration. Une technique bien pratique dans les situations potentiellement anxiogènes et qui favorisera un « recentrage » des émotions très opérant la plupart du temps.

Usage de l'hypnose par discipline

Nous proposons ici un découpage arbitraire, mais qui va cependant nous permettre d'aborder quelques pratiques précises.

La maternité

La maternité est probablement l'un des usages les plus fréquents et parmi les mieux accepté dans l'histoire moderne de l'hypnose.

Il s'agit d'une pratique qui s'est rapidement ordonnée comme en témoignent notamment les écrits de Chertok[1] à ce propos.

C'est l'usage de l'hypnose à visée analgésique au moment des accouchements qui s'est en premier lieu imposé comme une approche efficace sur un plan médical[2], mais aussi confortable pour la future mère (et corrélativement pour les futurs pères qui assistent aux accouchements...).

Pour autant, l'usage de l'hypnose dans le champ de la maternité ne se limite plus à ce moment précis. Ainsi, l'un des grands spécialistes français dans ce domaine, le psychologue Yves Halfon, accomplit par hypnose tout un travail centré autour du lien parent-enfant[3]. Ainsi, de nouvelles perspectives s'ouvrent autour de l'acceptation de la grossesse et de ses remaniements (image corporelle, changement de statut...) avec évidemment les questions de « l'autre en soi », des notions de vie et de mort, de la fusion/défusion, etc.

C'est en fait tout le champ de la maternité qui peut être investi par l'hypnose tant sur un plan purement symptomatique (une autre alternative à la douleur de l'accouchement) que dans le domaine de l'hypnothérapie. Dans ce dernier cas, c'est même tout un travail autour de la dyade « futurs mère et père » ou de

1. Chertok L. (1979), *L'Hypnose entre la psychanalyse et la biologie. Le Non-Savoir des psys.*
2. Cyna A.M., Andrew M.I., McAuliffe G.L., "Antenatal self-hypnosis for labour and childbirth: a pilot study", *Anaesth Intensive Care*, 2006 Aug ;34 (4) : 464-9.
3. Halfon Y., « Hypnose et maternalité », in Bioy A., Michaux D. (dir), *Traité d'hypnothérapie. Fondements, méthodes, applications*, Paris, Dunod, 2007 : 333-340.

la triade « mère-père-nourrisson » qui peut se faire à l'aide de méthodes hypnotiques.

> Particulièrement anxieuse, Marie fait une préparation à l'accouchement ; elle est hypnotisée et visualise par anticipation avec le praticien de l'hypnose certains moments de l'accouchement.
>
> – «... et tranquillement, vous pouvez serrer et desserrer le poing en mesure avec les contractions. Comme si vous pouviez imaginer que la douleur venait s'enfermer dans ce poing et qu'en libérant la pression, vous pouviez libérer aussi cette douleur et la laisser s'évanouir dans l'air... Là, très bien... Et à mesure que cette douleur s'évanouit – vous avez vu déjà quelqu'un s'évanouir, comme s'il s'endormait d'un coup – vous pouvez, vous, conserver toute la vigilance qui vous est nécessaire pour bien ressentir toutes les autres perceptions présentes et qui peuvent être plus agréables, plus neutres, ou simplement différentes... »

Le secteur curatif

Ce secteur est l'un des plus importants, au moins quantitativement, lorsque l'on parle du domaine de la santé et des pratiques en conséquence.

On pourrait différencier trois temps importants dans le domaine du curatif :

- celui des examens en cours,
- celui de l'annonce de diagnostic,

- celui des traitements et du suivi.

Concernant le **temps des examens**, il est caractérisé par une attente plus ou moins longue d'investigations cliniques (radiographie, numération formule sanguine, bilan neurologique...). Cette période est bien souvent l'occasion de l'apparition d'angoisses chez le patient qui peuvent s'exprimer *a minima* (rumination, impatience...) ou peuvent aller jusqu'à de véritables attaques de panique. L'incertitude des résultats laisse en effet les portes grandes ouvertes à tout l'imaginaire du patient, jusqu'à parfois sembler hors de toute proportion. Le patient vit en effet avec des symptômes dont la cause est pour l'instant inconnue, et de façon corrélative c'est une vraie interrogation sur l'espérance de vie qui peut se poser tout autant qu'un début de recherche de liens avec des éléments du passé et/ou environnementaux (proximité de parents atteints de cancer qui va rendre cette éventualité plausible voire probable pour le patient, par exemple).

L'hypnose peut ici commencer à aider un patient, par exemple en l'aidant à reprendre contact avec son corps et à « ordonner » les associations et pensées à ce propos. Car l'angoisse et les pensées parfois oppressantes qui en découlent éloignent paradoxalement bien souvent le patient du sentiment de « soi », parfois d'existence (en tant que tout) et, pour utiliser un beau terme qui appartient aussi au domaine des sciences[1] même s'il y est de moins en moins utilisé, qui peuvent l'éloigner de son « âme ». Par l'hypnose, le patient peut retrouver une certaine façon « d'être au monde » sans nier les incertitudes mais en les englobant dans sa réalité qu'il perçoit à tout niveau.

1. Bossi L., *Histoire naturelle de l'âme*, Paris, PUF, 2004.

Concernant **le diagnostic**, le moment de l'annonce peut constituer un choc traumatique important dont la médecine a parfois du mal à prendre la mesure. Ce traumatisme a une valeur de choc difficilement surmontable, c'est en tout cas un moment où les défenses de l'individu sont débordées. La confusion peut régner, avec une perte de repères très importants. Un travail assez identique à celui proposé pour la première phase d'accompagnement peut être fait, que cette approche soit envisagée seule ou qu'elle constitue des moments dans une thérapie de soutien ou une psychothérapie plus « classique ».

Enfin, concernant **le suivi et les traitements**, hors suivi hypnothérapeutique si celui-ci était nécessaire, on usera plus facilement de ce que l'on nomme « hypnose conversationnelle », c'est-à-dire une hypnose moins formelle et plus axée autour de la discussion. Cette forme d'hypnose constitue en soi une façon cadrée de mener une relation d'aide, et s'insère notamment dans ce que les infirmières nomment « soins relationnels », l'objet de ces soins étant fonction de la situation et de la demande des patients. L'hypnose conversationnelle, aussi nommée « hypnose sans hypnose », consiste en l'induction aux détours de la conversation d'un état modifié de conscience très léger, où sont proposées notamment des suggestions pour renforcer l'image de soi du patient, son autonomie, son affirmation de soi, et d'autres dimensions qui pourraient être mises à mal du fait des soins, de la maladie propre du patient, ou de la simple situation d'hospitalisation, le cas échéant.

Champ des troubles physiques

La littérature scientifique[1], tout autant que la clinique en institution, souligne la pertinence de l'hypnose dans la gestion des troubles algiques, qu'il s'agisse de douleurs aiguës ou chroniques[2]. Mais on trouve aussi dans cette même littérature l'intérêt de l'hypnose pour les problèmes dermatologiques, comme le psoriasis, pour les troubles gastro-entérologiques, pour certaines pathologies immunitaires, comme les allergies, et bien d'autres secteurs.

Il est cependant important de préciser que l'hypnose n'est pas un médicament, et *a fortiori* un médicament miracle, et donc ne guérit aucun cancer, sida, ou autre maladie grave. Elle agit sur la façon dont un individu perçoit son corps, ses troubles, elle peut induire un soulagement ou la régression d'un symptôme, et ce de façon scientifiquement démontrable. Ce n'est alors pas l'hypnose en soi qui permet cela, mais la personne elle-même qui se « saisit » de l'hypnose pour réveiller des ressources encore mal connues par la science actuelle et qui peuvent mener à la modification d'un trouble.

1. Consultable sur les bases de données telles que Medline, PsychInfo, ou encore INIST
2. Barber J (Ed)., *Hypnosis and Suggestion in the Treatment of Pain*, NY, WW Norton, 1996.

Le secteur palliatif

L'usage le plus évident de l'hypnose est bien évidemment celui de la gestion de la douleur et de l'anxiété[1] dans ces moments souvent difficiles à vivre pour le patient, pour son entourage mais aussi pour les soignants. L'hypnose peut aussi être utilisée pour pallier différents effets néfastes de traitements, comme ceux imputables à la chimiothérapie, ou pour lutter contre l'intolérance médicamenteuse. Plus globalement, l'hypnose propose une alternative ou un complément possible aux médicaments pour gérer divers symptômes dans cette période critique du soin.

L'hypnose et sa dimension de relation d'aide offrent également un cadre adéquat pour accompagner les patients jusqu'à leurs derniers instants. Certains praticiens proposent même un modèle d'accompagnement orienté selon quatre dimensions : crise initiale, transition, acceptation et préparation à la mort. Là aussi, c'est tout un travail mêlant étroitement données corporelles et psychiques qui peut s'initier auprès des patients[2].

Concernant l'entourage, une approche plus classique de soutien est souvent proposée, sauf pour certains points précis comme une gestion difficile du travail de deuil qui peut demander une élaboration avec ou sans l'hypnose, selon les situations.

1. Rajasekaran M., Edmonds P.M., Higginson I.L., "Systematic review of hypnotherapy for treating symptoms in terminally ill adult cancer patients", *Palliative Medicine*, 2005 Jul;19(5):418-26.
2. Bioy A, Wood C. « Quelle pratique de l'hypnose pour les soins palliatifs ? » *Médecine Palliative* 2006, 5 : 328-332

Pour les soignants, un travail « à distance » de la prise en charge, c'est-à-dire qui lui est postérieur, peut être réalisé avec l'hypnose comme méthode complémentaire. Mais durant l'actualité de la prise en charge, d'autres approches plus directes sont souvent privilégiées (pédagogie en lien avec la prescription, débriefing en réunion d'équipe...).

La psychiatrie

Rappelons-le, l'hypnothérapie qu'elle soit pratiquée en institution ou non, a pour raison d'être la souffrance d'un patient, quel qu'en soit le motif. Ce dont nous parlons ici en évoquant le champ psychiatrique sont les psychopathologies décompensées (c'est-à-dire actives et aiguës) nécessitant un suivi régulier, voire une hospitalisation. Ces pathologies vont de la dépression sévère aux épisodes, par exemple, de schizophrénie catatonique.

La question qui est ici posée de façon pressante est le fait de savoir si l'hypnose est une bonne indication de suivi. La réponse n'est cependant pas évidente à donner. Car si l'hypnose peut être utilisée sur des structures de personnalité lourdes et même fragiles, elle demande bien souvent au préalable une évaluation complète effectuée de préférence par un psychologue clinicien (seul habilité à faire passer des tests de personnalité et à les analyser) afin de rendre compte de la meilleure indication possible. De plus, dans les situations psychiatriques sévères, seul un praticien de l'hypnose doublement expérimenté à la fois dans la méthode hypnotique et auprès de ces populations de patients peut envisager avec clairvoyance l'usage de cette approche. En effet, l'hypnose s'appuie sur un état modifié de conscience dont l'expérience, si elle n'est pas bien encadrée, peut favoriser un vécu d'étrangeté difficile à supporter par les patients, voire peut favoriser des processus délirants.

En tout état de cause, il faut sans doute éviter la pratique de l'hypnose sur les patients présentant de façon nette et anarchique des troubles dissociatifs ou des délires à consonance paranoïaque. L'expérience et l'habileté clinique du praticien sont de toute façon dans ce secteur du soin largement primordiales.

Champ des troubles psychiques

Certaines notions sont cependant transversales à la physiologie/médecine et à la psychologie, c'est le cas de la notion de stress. Ce symptôme est d'ailleurs l'un de ceux où l'hypnose possède une efficacité importante.

Concernant la question des indications de l'hypnose dans les troubles psychiques, on trouve aussi l'usage qui en est fait auprès des personnes souffrant d'états de panique et d'agoraphobie[1]. Les phobies, et au sens large l'ensemble des troubles anxieux, sont d'ailleurs d'excellentes indications de l'hypnose.

Concernant l'hypnose ericksonienne, les mêmes indications que pour les thérapies cognitives et comportementales sont relevées : troubles de l'assertivité/affirmation de soi, de l'anxiété, phobies, dépressions, troubles addictifs, etc.[2].

☞

1. Van Dyck R, Spinhoven P., "Depersonalization and derealization during panic and hypnosis in low and highly hypnotizable agoraphobics", *The International Journal Of Clinical And Experimental Hypnosis*, 1997, 45(1) : 41-54.

2. Chapman RA. (Ed)., *The Clinical Use of Hypnosis in Cognitive Behavior Therapy: A Practitioner's Casebook*, New York, Springer Publishing Co. xix, 2006.

L'ensemble des troubles dits psychosomatiques semble également pouvoir bénéficier de l'hypnose, même si le terme de « psychosomatique » est de nos jours fortement interrogé[1].

On relève également l'hypnose comme indication dans les troubles sexuels, et des méthodes originales peuvent être mises en place pour lutter contre la dépression.

En fait, globalement, l'hypnothérapie possède toutes les indications des autres psychothérapies. Sa spécificité tient dans le fait qu'elle favorise, plus que d'autres approches, un travail autour du symbolique, de l'imaginaire et du corporel.

Le secteur de la prévention

L'hypnose, comme d'autres formes de suivi, peut permettre à un sujet d'accéder à un statut de santé globalement meilleur, que cet état de santé soit médicalement avéré ou simplement ressenti comme tel par le patient. Mais la dimension qui nous préoccupe ici est celle en lien avec la dimension éducative du soin, prévenant la survenue d'une crise (d'asthme, par exemple) ou permettant d'en diminuer l'importance.

Diverses études scientifiques montrent l'intérêt de l'hypnose dans ce domaine. D'une façon générale, on peut penser que l'hypnose va avoir un impact sur le suivi du traitement et sur la prise en charge, notamment car elle redonne une part de contrôle au patient mais aussi du fait qu'elle permet au moins un usage éclairé des médications, voire une diminution de leur prise (encadrée médicalement).

1. Keller P.H., *La Médecine psychosomatique en question : le savoir du malade*, Paris, Odile Jacob, 1997.

Jeanne est une patiente âgée de 72 ans, atteinte de polyarthrite rhumatoïde. Elle souhaite apprendre l'hypnose afin de mieux gérer ses douleurs. La patiente a souhaité une approche plus axée autour de la détente, car il s'agissait pour elle « d'endormir toutes les mauvaises sensations ». Les séances se succèdent, mais l'hypnose ne lui apporte qu'une efficacité très modérée concernant ses douleurs chroniques. L'hypnopraticien est surpris que néanmoins, Jeanne souhaite continuer le suivi. Il lui pose la question, afin de saisir ce qui est en jeu. La patiente répond que certes, elle n'a pas trouvé avec l'hypnose ce qu'elle cherchait (un soulagement de son niveau global de douleur, une diminution des prises d'antalgiques) mais que, paradoxalement, elle prête moins d'importance à ses épisodes douloureux et surtout elle ne s'interdit plus de faire un certain nombre de choses en prévision de possibles douleurs. Certes, elle continue à avoir mal, mais Jeanne dit avoir une meilleure appréciation de ce qu'elle nomme « la balance coût/bénéfice » de la douleur, et gère ainsi mieux sa vie. L'hypnose étant pour elle des moments où elle « fait le point » avec son corps et « reprend racine » avec ses envies et ses possibilités.

Champ des troubles des conduites et du comportement

Ces troubles sont divers, et il est clair qu'à côté de la douleur, ils restent parmi les plus importantes demandes de prise en charge par l'hypnose.

☞

Particulièrement, les demandes de sevrage tabagique et autour du contrôle de l'alimentation sont importantes. L'hypnose est ainsi devenue au fil du temps l'une des méthodes importantes de sevrage tabagique[1], même si son efficacité n'est pas scientifiquement reconnue comme plus importante que pour d'autres formes de prise en charge, comme les thérapies cognitives et comportementales. L'hypnose est plutôt à conseiller lorsque le tabac est utilisé pour gérer, voire masquer, une dimension anxieuse ou de stress.

Concernant la question du contrôle alimentaire, l'hypnose est une excellente indication. Elle ne peut évidemment pas se substituer à un accompagnement médical compétent (nutritionniste et parfois endocrinologue), mais semble constituer un excellent complément pour apprendre à rééquilibrer une alimentation, ou même aider un patient atteint de troubles des conduites alimentaires comme la boulimie.

Le secteur de l'éducation et du développement personnel

L'hypnose, en tant que méthode d'hyper-concentration et d'attention focalisée, devient de plus en plus prisée par les « coaches », entraîneurs et psychologues sportifs. Il s'agit d'un usage restreint de l'hypnose, puisque sont majoritairement utilisés l'état hypnotique et la capacité de visualisation/anticipation. Ceci dit, même restreint, cet usage n'en est pas moins intéressant.

1. Elkins G, Marcus J., Bates J., Hasan Rajab M., Cook T., "Intensive hypnotherapy for smoking cessation: a prospective study", *The International Journal Of Clinical And Experimental Hypnosis*, 2006 ; 54 (3) : 303-315.

Dans le domaine du développement personnel, on trouve certains coaches formés à l'hypnose. Un avantage se situe au niveau des principes de communication utilisés (hypnose conversationnelle, notamment), mais ne va pas vraiment au-delà. La raison en est simple : le coaching n'est pas une forme de psychothérapie et se trouve pratiqué majoritairement par des « non psys », et parfois par des non-professionnels de santé au sens large. Tout le champ des soins physiques et psychiques ne peut donc pas, techniquement et déontologiquement, être abordé.

Ceci dit, si le coach reste dans les limites du développement personnel, et sait « apprendre » de l'hypnose (notamment au travers de l'usage des métaphores à visée pédagogiques), les résultats promettent d'être fort intéressants.

Synthèse

Le point commun entre toutes ces indications est qu'ils s'accompagnent le plus souvent d'une souffrance, voire d'une véritable détresse. Cette dimension n'est pas à négliger, quel que soit le type de suivi qui sera privilégié. Et l'hypnose apparaît dans bien des cas comme venant avant tout apporter un peu de mieux à ce niveau. Cela ne veut pas dire pour autant que le soulagement, voire la guérison du symptôme, va être négligé, mais il est important de comprendre que l'hypnose étant une méthode de prise en charge globale d'un individu, la façon dont un mieux-être peut commencer à s'exprimer peut être multiple, tout autant que les effets attendus.

Consulter

Les questions auxquelles répond ce chapitre :

- Pourquoi consulter ?
- Tout le monde est-il hypnotisable ?
- Comment choisir son thérapeute ?
- Quelle forme prend le suivi ?
- Un suivi par hypnose peut-il être dangereux ?

Une démarche de santé

Nous aborderons ici la démarche de consultation en libéral ou en consultation externe d'une structure de soins. En effet, lorsqu'il s'agit d'une hospitalisation (à domicile ou en institution), l'hypnose sera proposée mais fait rarement l'objet d'une demande particulière.

Pourquoi consulter ?

L'hypnothérapie possède les mêmes déterminants que les autres formes de psychothérapie. Il s'agit majoritairement d'une demande d'aide sur fond de souffrance dont l'origine est variable, avec le sentiment du patient qu'il ne peut plus faire face seul à la situation.

La question est donc de savoir ce qui peut différencier l'hypnothérapie des autres approches. Précisons d'emblée ce qu'elle n'est pas, contrairement à l'image que les patients en ont parfois. L'hypnose n'est pas une forme de sommeil durant lequel le praticien « prendrait possession » de la psyché de l'individu pour en extirper traumatismes infantiles, paroles refoulées et émotions négatives, suivi d'une amnésie qui permettrait à cette opération psychique d'avoir lieu sans douleur, et surtout sans effort et investissement. En d'autres termes, l'hypnothérapie n'est pas une forme de prise en charge qui par magie réussirait là où les autres formes de prises en charge seraient vouées à l'échec.

> Marie-Louise vient consulter un hypnothérapeute. Elle est épileptique, et a cessé son activité professionnelle depuis qu'elle a connu une crise au volant, et provoqué un accident où le conducteur de l'autre véhicule est mort. Elle vient consulter, dit-elle, pour retrouver la force de reprendre son activité professionnelle, pour « reprendre confiance » en elle. Dans le premier entretien, cette demande va être précisée. En fait, elle perçoit l'hypnose comme étant un sommeil où toute sa volonté s'endormirait, et où l'hypnopraticien prendrait le contrôle des choses. De façon imagée, elle dit souhaiter que le thérapeute l'endorme, lui parle pour lui enlever ce qui dans son cerveau provoque l'épilepsie (« un peu comme un chirurgien »). Ainsi, lorsqu'elle se « réveillera », elle pourra reprendre une vie « normale ». Cet usage de l'hypnose venait à la suite de multiples consultations auprès de neurologues et de neurochirurgiens, et

après l'échec total ou relatif de l'ensemble des médications prises. La prise en charge sera bien sûr bien éloignée de cette demande première, en accord avec la patiente...

L'hypnothérapie, il est vrai, favorise un contournement des résistances, lorsque c'est nécessaire. Les résistances sont les « barrages » qu'un patient pose inconsciemment et qui sécurisent les lieux psychiques à risque, c'est-à-dire les données qui déséquilibrent le patient.

Par hypnose, on pourrait dire que les problèmes cloisonnés derrière les résistances du patient sont plus facilement abordés. En effet, l'hypnose unit l'ensemble du sujet (pensées, perceptions, sentiment de soi...) alors que d'autres thérapies peuvent favoriser seulement certaines de ces dimensions. Lorsque l'individu « tout entier » explore les terrains difficiles en lien avec sa souffrance, cela se fait progressivement mais aussi avec un sentiment de sécurité bien souvent plus important.

De façon générale, il est important de préciser que si l'hypnose facilite le contournement des résistances, elle ne les viole pas. L'hypnose ne permet pas de changer les comportements d'une personne au point de lui faire faire des choses que sa morale et son système de valeurs réprouvent au sens large[1].

Cette implication de l'individu tout entier, l'intrication entre données psychiques et somatiques, et l'usage éclairé de la notion

1. Il est utile de préciser que le patient peut, par hasard, consulter un charlatan pervers, ce qui effectivement le mettra en danger. Mais ce problème, lié en partie à la non-reconnaissance légale actuelle du titre de psychothérapeute n'est pas propre à l'hypnose et existe pour les suivis de tous les types.

d'influence par le thérapeute (que lui donnent sa formation et son expérience clinique), *via* notamment le principe de suggestion, sont spécifiques de l'approche hypnothérapeutique, quelle que soit l'école de formation du praticien (hypnoanalyse, hypnose ericksonienne...). Ces données, présentes d'emblée, constituent le cœur de tout suivi[1].

L'hypnotisabilité

Une question qui revient souvent chez les patients à la première consultation est de savoir s'ils sont hypnotisables. La réponse est toujours oui, pour une raison que nous avons esquissé précédemment : l'hypnose est un état commun que chacun expérimente régulièrement.

On entend dire parfois, (et même par des éminents spécialistes) que tout le monde n'est pas hypnotisable. En fait, il s'agit d'un abus de langage. Les études sur l'hypnotisabilité sont en effet menées en laboratoire, et l'hypnose est classiquement obtenue (ou non) par un test de suggestibilité[2]. Ce qui veut dire que tout le monde est hypnotisable, mais que tout le monde n'est pas hypnotisable par les techniques de suggestion utilisées dans ces tests. Autrement dit, même si une personne est « réfractaire » en laboratoire, on peut dire qu'elle pourrait en fait être hypnotisable dans d'autres conditions et en tout cas

1. Bioy et Michaux, *op. cit.*.
2. Généralement des échelles de suggestibilité élaborées au laboratoire de Stanford (A, B, C puis profil I et II), sous la direction de E.R. Hilgard (Weitzenhoffer et Hilgard, 1959 ; Weitzenhoffer et Hilgard, 1962). D'autres échelles existent cependant, comme la *Carleton University Responsiveness to Suggestion Scale* (CURSS).

selon d'autres modalités qu'à partir d'un texte axé autour de la seule suggestion verbale, directe et indirecte.

Les enfants sont particulièrement hypnotisables, et ce très rapidement. Nous voyons à cela deux raisons principales :

– La guidance parentale quotidienne favorise et familiarise avec les grands principes de suggestion et particulièrement de suggestion directe (« pense à te laver les dents avant de te coucher », « tu pourrais trouver un jeu sympa à faire dans ta chambre plutôt que dehors, il fait froid »...) ;
– La plupart des enfants conservent une faculté importante de « jongler » entre imaginaire et réalité (par exemple Enzo, un petit garçon de 6 ans, regarde l'un de ses dessins animés préférés avec une couronne de papier sur la tête qu'il a confectionné à l'école, pour s'identifier totalement au jeune héros, qui va devenir roi. Il mime facilement des scènes de sa série, avec une parfaite aisance pour passer de la réalité à l'imaginaire).

La première consultation chez le praticien va notamment être l'occasion d'explorer à l'aide de suggestions et d'inductions simples la façon dont le patient va s'autoriser à vivre l'expérience hypnotique. Il s'agit d'une exploration à visée clinique, et l'on n'utilise plus comme auparavant des tests identiques à ceux pratiqués en laboratoire, et ce pour deux raisons :

– La première est que l'efficacité de la méthode n'est pas fonction du degré de la transe (légère, moyenne ou profonde). Des effets importants peuvent être obtenus avec une transe très légère et à l'inverse une transe très profonde peut être l'occasion pour le patient de « fuir » le dispositif thérapeutique ou de le rendre en tout cas inopérant tellement la déconnection par rapport à la réalité sera importante. On considère de plus en plus qu'une transe dite légère est suffisante pour un suivi, car le patient étant acteur de son propre changement, son implication doit être présente d'emblée. Il n'y a donc aucun intérêt à rechercher comme on le faisait encore dans la première moitié du XXe siècle une transe profonde, spectaculaire mais totalement inutile en suivi thérapeutique, voire même empêchant ce suivi d'être efficient, en induisant une passivité trop importante du patient ;

La seconde raison qui a guidé l'abandon des tests d'hypnotisabilité/de suggestibilité est que l'important n'est pas dans la transe elle-même (qui ne possède pas de pouvoir thérapeutique en soi) mais dans l'expérience que le patient en fait, c'est-à-dire la façon dont il se saisit de cet événement et le bénéfice qu'il peut en tirer dans cette autre perception de la réalité dans laquelle il est impliqué.

Ainsi, même si l'on suggère une lévitation de la main (en suggérant par exemple qu'une main peut devenir plus légère que l'autre), l'objectif n'est pas que la main se soulève, mais bien ce que le patient ressent au détours de cette proposition, et ce qu'il va en faire pour lui, en fonction de sa demande initiale.

> Jeanne est hypnotisée, et son hypnothérapeute lui propose une lévitation du bras. Ce dernier lui propose qu'une main devienne plus légère que l'autre, mais la main ne bouge pas. L'hypnopraticien utilise alors la perception inverse : que la main la plus lourde devienne de plus en plus lourde et que, par contraste, la légèreté de l'autre main l'aide à se soulever. La main de Jeanne ne bouge toujours pas. Aucun

> résultat non plus ne s'observe lorsque le thème des suggestions varie et qu'il est proposé à la patiente de visualiser une série de ballons à chaque doigt pour les aider, un à un, à se décoller des accoudoirs du fauteuil. L'hypnothérapeute fait donc juste un simple accompagnement (« et vous pouvez continuer à faire ce que vous êtes en train de faire, et accueillir autant que vous le souhaitez tout ce qui pourrait être là »). À la suite de la séance, et bien que sa main ne se soit à aucun moment soulevée, Jeanne expliquera toutes les sensations qu'elle a ressenties dans la main, la légèreté ressentie et le « voyage » qu'elle a fait durant ce temps. Elle ajoutera qu'elle savait bien que sa main ne bougeait pas, mais que cela ne l'a pas dérangée et que c'était agréable sans cela.

S'il n'existe pas de signes objectifs « extérieurs » qu'une personne est hypnotisée, la question n'est pas non plus primordiale de savoir si le patient était effectivement hypnotisé ou non. Seul compte son ressenti et la façon dont ce « moment hypnotique » a été vécu. La plupart décrivent un état « curieux » difficile à décrire avec des mots, où ils sont là et ailleurs, dans une perception globale et très particulière de l'environnement, de leur corps, de leur ressenti et de leur pensée (parfois une série d'images, un peu comme s'ils regardaient des paysages se succéder depuis la fenêtre d'un train).

Comment choisir son thérapeute ?

De nombreux écrits existent déjà quant à l'offre thérapeutique disponible en France et donnent quelques repères précieux[1]. Nous nous contenterons donc d'ajouter quelques mots qui nous paraissent importants quant au choix de son hypnothérapeute par une personne.

Rappelons tout d'abord que, plus que la « bonne méthode », il est important de trouver « le bon praticien pour soi », c'est-à-dire la personne avec laquelle le patient se sentira suffisamment en confiance pour dire sa souffrance, mais aussi avec laquelle il se projette dans l'avenir d'un suivi, avec laquelle il se voit progresser. Au-delà de cet aspect fondamental, et de l'ordre d'un ressenti, il existe certains critères plus formels qu'il est important de considérer.

Bien que beaucoup de gens hésitent à le faire, tout patient a la possibilité de demander à la personne qu'il consulte quelles études elle a suivi, le cursus qui légitime son activité de psychothérapeute et, en ce qui concerne l'hypnothérapie, quelle filière a été suivie (jusqu'au bout...). À noter pour ce dernier point que les principaux instituts d'hypnose et certains autres (mais parfois sans garantie de formation initiale adéquate du praticien) fournissent sur demande la liste des spécialistes ayant suivi auprès d'eux un cursus complet.

Certaines professions, comme les médecins, ont une visibilité immédiate (plaque officielle, ordonnancier, acceptation de la

1. Widlöcher D., Marie-Cardine M., Braconnier A., Hanin B., *Choisir sa psychothérapie*, Paris, O. Jacob, 2006

carte vitale, feuille de remboursement...) et ne nécessitent pas une telle démarche[1].

Il n'en va pas de même pour les psychothérapeutes, dont la profession n'est pas encore à ce jour encadrée légalement (contrairement aux psychologues). On peut donc trouver de tout sous cette « étiquette », y compris des gens sans aucune formation initiale... Un patient qui va se confier intimement et faire confiance à une personne parfois sur une période relativement longue à propos de problèmes qui touchent à son intégrité, à son équilibre et à sa santé, a le droit de savoir si la personne consultée a suivi le « minimum vital » pour l'accueillir, l'écouter et l'accompagner de façon éclairée.

Cette vigilance à avoir est vraie pour toutes les psychothérapies. La raison pour laquelle nous insistons ici sur ces points est que l'hypnose, du fait de :

- son histoire complexe,
- sa proximité dans l'imaginaire avec des exercices ésotériques,
- la tentation de certains hypnotiseurs de spectacle (de foire...) de s'improviser hypnothérapeute,
- des fantasmes qu'elle véhicule malgré le sérieux acquis et des preuves scientifiques apportés récemment mais irréfutables,

est susceptible de drainer nombre de charlatans et de personnes exerçant auprès de personnes en souffrance, après avoir simplement lu quelques ouvrages. Il est donc fondamental que le patient se responsabilise et n'hésite pas à poser les questions nécessaires.

1. Depuis 2005, les psychologues ont un numéro « Adeli2 » qui leur est attribué par la DRASS, après vérification des diplômes.

Loin de nous également l'idée de limiter la compétence d'un hypnothérapeute à sa simple formation initiale et en hypnose par la suite. Une certaine compétence clinique est nécessaire, qui peut s'acquérir par des stages à visée professionnalisante, puis par une supervision par un confrère chevronné, mais aussi par des groupes de réflexions et des rencontres avec des pairs, et bien sûr avec l'expérience acquise sur le terrain.

Un autre point important dans le choix de « son » hypnothérapeute est, en plus (et non à la place) de ces données, le ressenti humain en séance. Il est important de « sentir » son psychothérapeute et de la même façon que lorsque l'on visite un appartement on se voit vivre dedans ou non, le consultant doit pouvoir dire s'il se voit aborder des questions intimes avec le professionnel en face de lui, ou non.

Enfin, la méthode hypnotique elle-même ne correspond pas à l'image classique de ce qu'est une psychothérapie en France (très imprégnée du modèle psychanalytique en ce domaine). L'hypnose est en effet plus interactive, moins intellectualisante et plus axée sur les percepts que bien d'autres approches[1]. Aussi, il est tout à fait possible que même si le lien avec le praticien est bon, la méthode ne soit pas adaptée (nous pensons notamment aux patients qui expriment le souhait de beaucoup parler, avec peu d'intervention du praticien, souhaitant simplement « poser leurs valises » comme ils ne peuvent le faire ailleurs).

1. Ce qui fait d'ailleurs que déjà en 1924, les psychanalystes S. Ferenczi et O. Rank préconisaient dans « Perspectives de la Psychanalyse » de réintroduire une certaine forme d'hypnose en psychanalyse, cette pratique tendant à devenir pour eux trop intellectualisante.

Ajoutons enfin que l'hypnose peut tout à fait être complémentaire d'autres approches et s'envisager par exemple en parallèle avec une cure psychanalytique déjà entreprise. Il revient alors au patient d'éclaircir son désir en ce domaine avec les différents praticiens qui pourront d'ailleurs se joindre, avec l'accord du patient, pour en discuter ensemble et définir les rôles de chacun.

La question de la durée

Cette question se pose à deux niveaux :

- durée d'une séance,
- durée du suivi.

Concernant la durée d'une séance, elle est évidemment fonction du thérapeute et de sa méthode, ainsi que de la forme du suivi. Elle doit de toute façon être contractualisée dès le premier entretien. Une moyenne large est de considérer que les temps de consultation varient entre 30 et 60 minutes[1].

Concernant la durée d'un suivi, nous avons l'habitude de répondre par une ellipse : aussi longue que nécessaire, et aussi courte que possible...

De plus en plus cependant, la **pratique en hypnose ericksonienne** devient une forme de thérapie dite brève, se calquant sur ce qui est pratiqué en psychothérapie cognitivo-comportementale. Autrement dit, le nombre de séances peut être fixé à l'avance soit :

1. À noter que, bien que de nombreux facteurs intervienent dans le prix de la séance, ce dernier est aussi fonction du temps de consultation. Bien que ce type d'acte n'ait pas en soi une valeur marchande, un principe économique est à prendre en ligne de compte, et notamment les charges mensuelles importantes inhérentes à un exercice en libéral...

- pour se rendre compte si la méthode est adaptée (une à trois séances),
- intégrant d'emblée la totalité du suivi (dix à vingt séances).

Ajoutons que le nombre de séances est fonction à la fois de la méthode et de l'objet du suivi. Une fin de suivi se négocie toujours (évaluation des résultats, perspectives d'avenir).

Dans une **approche autre qu'ericksonienne** ou dérivée, le nombre de séances n'est pas fixé à l'avance. C'est le cas par exemple en hypnoanalyse, où l'évaluation de la méthode sur le symptôme pour lequel le patient est venu consulter n'est pas l'unique facteur pris en compte, aux côtés de nombreux critères subjectifs (gain d'introspection, qualité de vie, restauration identitaire...).

Précisons enfin que même si le nombre de séance est fixé à l'avance, le patient n'est pas « prisonnier » de son suivi et peut à tout moment en rediscuter avec son praticien.

Cas particulier des suivis de patients hospitalisés

La majorité des critères déjà énoncés sont ici toujours vrais. Nous les reprenons :

- **Pourquoi consulter ?** Majoritairement, la demande concerne la prise en charge de troubles algiques, anxieux, du sommeil, et phobiques. Cette demande doit être bien identifiée par le patient et le praticien (hypnotiste ou hypnothérapeute) dès la première rencontre.
- **L'hypnotisabilité.** Les critères donnés restent valables. Mais en structure hospitalière, les patients sont plus proches que dans leur cadre naturel d'un état de sidération qui

facilite l'induction hypnotique et la dissociation psychique. Cette sidération (un état dynamique autour de la notion de peur) est induite par la structure elle-même, fortement déshumanisante, ainsi que par la situation médicale du patient[1] et les actes de soins, parfois très invasifs.

- **Comment choisir son thérapeute ?** On le choisit rarement dans des situations d'hospitalisation... Par contre, le patient est libre de refuser un suivi par une personne en particulier, s'il « ne sent pas » le spécialiste (données subjectives interpersonnelles) ou la méthode.
- **La question de la durée.** Le suivi peut prendre la durée de l'hospitalisation, ou peut être plus court si le problème ponctuel se résout (exemple : troubles de l'endormissement). La durée d'une séance se situe généralement autour d'une vingtaine de minutes. Si l'hypnose est employée de façon complémentaire à, par exemple, la prise d'antalgiques pour prévenir la douleur d'un soin, la durée de l'hypnose durera le temps du soin en question. En hypnosédation (hypnose utilisée en anesthésie), la durée de la séance est en fait la durée de l'opération chirurgicale.

Pour tous ces cas et selon les situations, l'objet de la rencontre avec le spécialiste de l'hypnose et sa forme de pratique, un suivi post-hospitalier pourra être envisagé et proposé au patient.

Les formes d'une séance

Ce qui est ici envisagé, à l'instar du chapitre précédent, concerne de façon préférentielle l'exercice libéral de l'hypnose ; la pratique

1. Bioy A., Fouques D., *Manuel de psychologie du soin*, Paris, Bréal, 2002.

en institution étant beaucoup plus « balisée » par d'autres impératifs du soin. Il est évident que ce que nous présentons est un cadre général dont le but est de mieux comprendre la dynamique interne d'une consultation, même si ce cadre varie selon les praticiens et les situations.

La première consultation

Le patient expose les motifs de sa venue, et le praticien peut aider le patient à bien cerner sa demande ou tout du moins ce qui la justifie selon lui. Il s'agit donc d'une phase d'exploration d'une grande importance car, même si une certaine flexibilité est toujours présente par la suite, ces moments déterminent tout de même en grande partie la façon dont les choses vont se dérouler.

L'analyse de la demande est souvent également l'occasion pour le praticien de construire avec le patient le récit de sa vie, ou tout du moins de certaines dimensions supposées en lien avec le symptôme[1].

Enfin, notamment dans une approche de l'hypnose proche des thérapies cognitivo-comportementales, une véritable analyse du symptôme et de ses éléments de survenue peut être dressée.

Il n'est pas obligatoire que la première session d'hypnose se passe dès cette première consultation. Parfois elle n'intervient même qu'à la troisième ou quatrième séance, car tout le contenu que nous venons d'exposer peut prendre du temps. Pour autant, le praticien de l'hypnose peut d'ores et déjà poser quelques « pierres hypnotiques » (suggestions, langage métaphorique...)

1. Notons que la pratique de l'hypnoanalyse peut ne pas justifier cette phase, puisque l'exploration du patient va être plus lente, et détaillée.

afin de commencer à aider son patient à prendre la voie du changement. Même si une session formelle d'hypnose n'a pas été amorcée, pour autant le suivi a déjà commencé (ce qui explique que, sauf cas particuliers, y compris la première séance donne lieu à un paiement).

– Lorsque les termes du suivi sont donnés, il est possible d'inclure un temps où seront discutées avec le patient ses représentations de l'hypnose. Le plus souvent d'ailleurs, cette phase est amorcée par le patient lui-même (« c'est quoi exactement l'hypnose? », « je vais dormir? », « j'ai un peu peur de ce que vous allez me faire »). La plupart des thérapeutes préfèrent « recadrer » les représentations qui ne correspondent pas à la réalité ni de l'état hypnotique, ni de la pratique.

De façon générale, cette dimension du premier entretien, la perception par le patient de l'hypnose, doit faire l'objet d'une évaluation du thérapeute pour savoir quelles informations il semble utile de donner, et quelles sont celles qui pourraient être parasites.

Le « contrat thérapeutique »

Le contrat thérapeutique est ce qui va lier le praticien et son patient au sein d'un cadre thérapeutique constitué de données formelles (rythme et durée des séances...) et plus informelles (forme des entretiens...).

Le cadre thérapeutique[1]

« Ce que l'on nomme cadre est fondamentalement l'ensemble des règles qui vont définir la rencontre entre le thérapeute et son patient. Le cadre contient des éléments de nature explicite mais aussi d'autres, implicites, sur lesquelles le thérapeute doit toujours s'interroger (...).

Les règles explicites concernent : le lieu de la rencontre (cabinet, institution), sa forme (individuel, groupal), son horaire (heure de rendez-vous fixe), sa durée (à donner explicitement), sa périodicité, et sa forme de paiement (...).

Les règles implicites concernent tout ce qui se passe à l'intérieur du cadre explicite, comme la notion de secret professionnel, primordiale mais pour autant rarement formulée. Mais aussi, d'autres situations plus formelles font partie des règles implicites. Ainsi, si le téléphone du thérapeute sonne, répondra-t-il ? Faut-il prévenir même à la dernière minute d'une non-venue ou cela peut-il être discuté par la suite ? En cas de crise, le patient peut-il contacter son thérapeute entre deux séances ? Les règles implicites concernent également la façon dont la parole circule : niveau d'interactivité, place des silences, etc. (...) »

Le contrat thérapeutique inclut principalement la demande du sujet et les méthodes mises en œuvre (ici, hypnotiques). Il peut être explicitement formulé par le praticien de l'hypnose afin de s'assurer d'une base commune de travail avec son patient, ou ne pas être dit expressément, mais être suffisamment perceptible par l'une et l'autre des parties.

1. Bioy A, Maquet A., *op. cit.*, p.80.

Les séances suivantes

La plupart des séances d'hypnose se passent en face-à-face, en position assise. Le face-à-face est en effet une situation tout à fait commune du dispositif habituel d'un suivi[1]. La position assise est la plus naturelle à l'hypnose, tout d'abord car elle est celle du patient explicitant son problème et son évolution. Son corps « parle » en même temps que lui, investit son espace d'une certaine façon. Il est, pour dire les choses plus rapidement, symboliquement chargé de tout ce qui constitue le patient à un moment donné, face au praticien.

Une « rupture » (se déplacer pour aller vers un autre fauteuil, prendre de façon arbitraire une autre inclinaison dans le fauteuil) risque donc de couper certains liens entre le patient et ce qu'il porte ou supporte symboliquement, et une partie du travail pourrait ne plus se faire, ou plus difficilement. Une certaine pratique de l'hypnose, initiée par François Roustang[2], consiste d'ailleurs à tout un travail hypnotique autour de la position du corps et de la notion de mouvement.

> Mathieu se définit comme « alcoolique abstinent », mais sent qu'une rechute pourrait être possible. Il est obsédé par la demande de sa femme d'avoir un enfant, et ne sait pas s'il pourra assumer une paternité, du fait de son passé et de ce qu'il décrit comme sa fragilité

1. Nous continuons à parler de face-à-face lorsque le praticien se pose sur le côté, notamment pour demander au patient de fixer un point en face de lui qui ne soit pas... son praticien !
2. Roustang F., *Il suffit d'un geste.*

face à l'alcool. Il est assis face à l'hypnothérapeute et parle de sa difficulté.

– « ... Il m'arrive de repenser à ce que j'ai vécu, très souvent. D'un côté, je me sens honteux des états dans lesquels je pouvais me mettre, et de l'autre, ça me permettait de fuir, c'était comme une sorte de liberté [Mathieu mime avec ses mains, comme une balance, ce qu'il vient de dire].

– Arrêtez-vous un instant sur le mouvement de vos deux mains. Pouvez-vous bien ressentir la main droite, la honte, et la main gauche, la liberté ?

– Oui.

– Maintenant, laissez vos deux mains choisir pour vous. Observez comment elles se comportent ?

– Comme cela ? [Il place sa main droite plus haut que sa main gauche.]

– Je ne sais pas, laissez simplement faire, en laissant la honte être totalement dans l'une de vos mains, et la liberté être totalement de l'autre. [Mathieu ferme les yeux.]

– ... Lorsque vos mains auront trouvé leur position, vous pourrez simplement laisser votre corps tout entier incarner le choix de vos mains... Il suffit de laisser faire... Simplement... Tranquillement... [Le patient se repositionne dans son fauteuil]... En vous détachant de vos mains pour incarner le choix par l'ensemble de votre corps, ce sera comme si vous vous détachiez de ce qui provoquait l'opposition des deux sentiments... Votre histoire avec l'alcool... Pour réinvestir complètement et par

> vous-même... seul... à la fois ces sentiments et celui qui domine... [Mathieu repose les mains sur ses cuisses, explore l'environnement en tournant la tête, comme s'il faisait des exercices d'étirement]... Voilà, laissez votre corps devenir tout cela et rien de précis en même temps... Juste là, avec tout ce qui est présent sans que rien ne soit vraiment déterminant, que la façon dont vous vous sentez et ressentez les choses... [Mathieu commence à pleurer et à sourire en même temps]... Là, très bien... Laissez faire simplement... Jusqu'à ressentir autre chose et simplement vous-même... Vos choix et vos directions (...) »

L'autre raison est que si la position était allongée, on serait autant sur les plans symboliques et imaginaires dans un registre plus proche de la relaxation et de la détente. Même si l'hypnose provoque le plus souvent en soi une détente mentale, la relaxation et le relâchement musculaire ne sont que rarement recherchés, l'essentiel de la méthode résidant ailleurs (la mobilisation des ressources inconscientes et des capacités imaginatives et symboliques du patient).

Enfin, la position assise (ou même debout) est une position active qui demande une certaine alerte physique, laquelle va renvoyer à une alerte mentale. Ce qui n'est pas le cas dans une position de repos (fauteuil « relax », position allongée...).

Bien sûr cela ne veut pas dire que l'hypnose ne peut être pratiquée qu'en position assise ou debout. Elle peut en fait l'être dans toutes les positions. Mais :

- d'une part la session d'hypnose doit s'inscrire dans une continuité avec le reste de la séance,
- d'autre part il est inutile d'induire de façon provoquée quelque chose qui stimulerait plutôt la passivité du sujet que sa mobilisation...

Il peut arriver cependant que cette situation d'hypnose n'est pas celle présentée. Plusieurs cas peuvent se présenter :

– l'hypnoanalyse, dont la situation est plus proche de celle de la cure analytique (« le divan » et le praticien situé derrière son patient ou de trois-quarts arrière),
– l'hypnoanalgésie, lorsque les douleurs rendent la position assise impossible, largement empêchée ou tellement inconfortable qu'elle rend tout travail difficile,
– dans un même registre, lorsque la situation du patient empêche la position assise ou debout (handicap, importante asthénie...),
– lorsque le praticien de l'hypnose souhaite ponctuellement proposer à son patient une séance à visée de relaxation (après un important et encore très actuel choc émotionnel, par exemple),
– lorsque la situation du patient, dans le cadre d'une prise en charge de santé, impose une position particulière (accouchement, dialyse...).

Cas particulier : les séances en milieu hospitalier

Lorsque le patient est hospitalisé, il est le plus souvent en position allongée. Pourtant dans ce cas particulier, rares sont les situations où le patient se laisse aller à la relaxation plutôt qu'à l'éveil hypnotique.

La raison en est simple : le patient en souffrance physique et psychique de façon aiguë va chercher dans le thérapeute une sorte de « bouée de sauvetage » auquel il va s'arrimer avec une force active.

La première consultation va essentiellement être axée autour du symptôme, de son expression, de la dimension néfaste qu'il peut recouvrir pour celui qui en souffre. Aussi, cette consultation est en soi un préambule à la séance qui a lieu durant ce premier temps. Le contrat thérapeutique est dressé le plus généralement autour d'un objectif : celui du soulagement du symptôme, ou tout du moins de sa diminution. Le temps dévolu au suivi hypnotique tient nécessairement compte de la durée présumée ou connue d'hospitalisation du patient (quoique parfois un suivi externe puisse être possible).

Enfin, l'hypnose auprès de patients hospitalisés est rarement employée seule. Elle vient le plus généralement en complément d'autres approches déjà mises en place (notamment pharmacologiques), afin de diminuer les inconvénients qu'ils peuvent entraîner ou simplement pour obtenir un effet bénéfique supérieur.

Cependant, certaines situations amènent à l'usage de la méthode hypnotique seule, et nous pensons particulièrement aux situations d'urgence et auprès des patients dits « en crise » (état anxieux majeur, attaque de panique, affaissement émotionnel avec incapacité à s'adapter à la situation de soins...). En opposition avec les représentations communes de l'hypnose, ces moments aigus constituent des indications majeures de l'hypnose (voir entre autres à ce sujet les écrits du Dr Philippe Rault). Sans doute car l'état du patient le plonge dans une sidération qui favorise la dissociation : il est « dans » sa douleur,

« dans » ses pleurs, « dans » son effroi, etc. Dans ces situations de crise, la méthode hypnotique est utilisée sans préambule, avec une fréquence importante de suggestions directes.

Synthèse

Tout autant que le choix de la méthode, la situation de pratique de l'hypnose va pour grande partie déterminer la forme de son usage, voire (et c'est un autre débat) influencer la stratégie et surtout l'efficacité de la méthode.

Méthodes et techniques en hypnose

Les questions auxquelles répond ce chapitre :

- *Qu'est-ce qu'une suggestion ?*
- *Qu'appelle-t-on « métaphore hypnotique » ?*
- *Qu'est-ce que la « créativité » en hypnose ?*
- *Existe-t-il des outils « standards » ?*
- *Existe-t-il des outils plus « performants » et « puissants » que d'autres ?*

Ce chapitre est consacré à quelques techniques de communication hypnotiques. Nous n'en verrons que quelques-unes, préférant rendre aussi claires que possibles les techniques choisies, plutôt que de dresser un catalogue complet.

Ces techniques ne sont pas des « recettes » que l'on applique comme l'on ferait appel à des formules magiques. Simplement, la façon de communiquer crée un climat et une attente spécifique. Ici, il s'agit de favoriser le principe de dissociation psychique pour ensuite permettre au patient de se livrer à une exploration singulière de son environnement et de lui-même.

Techniques d'induction

Principe

Le temps de l'induction est ce qui amène un patient à vivre un état modifié de conscience et un processus de dissociation psychique (être à la fois ici et ailleurs, par exemple, comme le fait d'avoir conscience de la pièce où l'on est assis, tout en s'imaginant fortement allongé dans une chaise longue au soleil).

Pour utiliser une image, nous pourrions dire que l'hypnose s'initie selon le modèle de l'entonnoir : on organise une certaine centration de l'attention du patient afin qu'il puisse dans un second temps élargir son champ de conscience et vivre de façon pleine, entière, globale, ce qu'il a à explorer. Notons que cette focalisation de l'attention correspond au fameux pendule autrefois utilisé, mais aussi au point que l'on demande de fixer dans les études expérimentales sur l'hypnose. Cette fixation n'est cependant pas forcément visuelle et peut se faire sur un bruit, voire même une sensation à un niveau plus élaboré.

Consacrer du temps à cette période d'induction n'est pas, dans les pratiques, une étape obligatoire. Elle est par exemple inutile lorsque le patient est déjà dissocié (fasciné par une image, en état de choc ou autre). Elle est juste le préalable, l'antichambre, au « véritable » travail hypnotique. Le temps d'induction est un peu comme l'échauffement nécessaire des muscles d'un athlète (un mollet puis l'autre, puis une cuisse, puis l'autre, puis les jambes ensemble, etc.) avant de pouvoir mobiliser son corps entier dans une course où se mêleront apprentissages antérieurs, découverte du sol à chaque pas, exploration nouvelle de capacités, etc.

Trois exemples d'induction

La focalisation de l'attention

Principe : il s'agit simplement de proposer au patient de centrer son attention sur un élément visuel, sonore, ou perceptif. Lorsque le patient est familiarisé avec l'hypnose, on pourra éventuellement lui proposer de centrer directement son attention sur des processus plus complexes, tels qu'une idée ou une image intérieure.

> « Dans un premier temps, je vais simplement vous proposer de choisir un élément sur le mur d'en face auquel vous allez pouvoir consacrer tout ou partie de votre attention : ce peut être une punaise à laquelle est accroché un cadre, un élément de l'un de ces cadres, ou autre chose... »

Le saupoudrage

Principe : il s'agit simplement de placer ça et là dans les phrases prononcées des adjectifs et adverbes relatifs à ce qui est recherché par hypnose. Le discours qui accompagne le saupoudrage est généralement vague et imprécis, pour donner précisément plus de relief à ces petits mots glissés et plus ou moins répétés dans le discours du praticien de l'hypnose.

> « Et vous pouvez être *simplement* là, à écouter ce qui se passe autour de vous tout en percevant *calmement* ce qui vous entoure. Et vous pouvez *posément* faire cela et en même temps, alors que vous le faites *tranquillement* en ce moment de façon presque *détachée,* vous pouvez tout *naturellement* percevoir la chaise sur laquelle vous êtes assise".

La confusion

Principe : si le discours du praticien de l'hypnose se complexifie, le patient va devoir durant un moment dépenser une énergie « neuronale » certaine à traiter et comprendre l'information. Puis, l'aspect rébarbatif du phénomène tout autant qu'un certain épuisement de l'attention va conduire le patient à « décrocher » c'est-à-dire se réfugier ailleurs que dans la recherche d'une logique rationnelle et d'une situation concrète. Ce « décrochage » est précisément l'entrée dans la dissociation psychique, tout autant que dans une forme de rêverie, qui dans ce cadre de pratique sera assimilée à un état modifié de conscience.

> « Et vous me dites que c'est la première fois que vous allez faire de l'hypnose, mais vous savez, il y a toujours une première première fois et puis une première seconde fois. Comme il peut y avoir une seconde première fois qui peut avoir été décidée hier, quand aujourd'hui était encore demain, et que l'hypnose n'était pas encore ce que vous pensez qu'elle pourrait devenir ou cesser d'être une fois cela accompli. »

Les suggestions

Principe

Une suggestion peut se définir comme étant une idée, un sentiment ou un comportement, inspiré par un autre que soi. Une suggestion peut être verbale ou non (la suggestion est alors obtenue par mimétisme), directe ou indirecte, ouvertes ou fermées. Les suggestions sont utilisées autant dans la phase d'induction que dans la suite de la séance. La réalisation d'une suggestion est souvent demandée dans l'actualité de la séance. Sinon, on parle le plus souvent d'une suggestion post-hypnotique.

Exemples de suggestion

Suggestions directes

Comme leur nom l'indique, les suggestions directes sont des propositions ouvertement faites à un patient, et dont il va pouvoir disposer. On pourrait dire qu'elles suivent à la lettre l'adage « il faut demander pour recevoir », et cette demande est ici plus formelle que pour d'autres principes de communication.

♦ Suggestions directes fermées

Principe : il s'agit de demandes directes faites à un patient, dont on pense qu'il peut les réaliser d'emblée, ou que l'on souhaite confronter à quelque chose de l'ordre du défi. Les suggestions directes fermées sont privilégiées en situation de crise, c'est-à-dire de dissociation induite par le contexte. On pourrait par exemple citer les patients en crise douloureuse aiguë, et dont toute l'attention est comme prisonnière de la douleur. Ou bien encore les patients en état de panique, dont les perceptions en lien avec la réalité environnante sont fortement modifiées.

Les suggestions fermées sont souvent utilisées en hypnosédation (pratique de l'hypnose en anesthésie). En effet, tout dans le contexte (position, représentations et attentes du patient) favorise un relationnel d'apparente domination passive de la part du sujet. On pourrait dire de façon imagée que l'anesthésiste pratique l'induction hypnotique en lieu et place de l'induction anesthésique.

Enfin, on utilisera assez facilement les suggestions directes fermées chez les patients qui ont déjà fait l'expérience de l'hypnose et pour lesquels, finalement, il suffit simplement de rappeler quelques repères clés pour faciliter l'entrée en hypnose.

En dehors des situations que nous venons d'exposer, les suggestions directes fermées sont d'allure caricaturale, assez peu représentatives et insuffisamment libérales pour ouvrir sur toute l'amplitude nécessaire à la pratique de l'hypnose dans le champ de la santé. Si les suggestions directes fermées peuvent faire partie d'un discours global, pour autant leur usage répétitif est peu propice à une véritable pratique humaniste de l'hypnose dans le soin ou en hypnothérapie.

> « Comme nous l'avons fait la fois dernière, je vous propose de fixer le point en face de vous, tout en écoutant les bruits alentour jusqu'à ce qu'ils deviennent plus diffus... Voilà... Et vous m'aviez dit que lorsque vous faisiez ceci, vous aviez l'impression d'une sorte de lourdeur dans les paupières... Lorsque vous ressentirez à nouveau cela, vous pourrez alors laisser simplement vos yeux se fermer... Très bien... et laisser tranquillement votre corps se détendre, en commençant par exemple par les muscles du visage... Cette détente peut s'accompagner d'une douce chaleur, sensation que vous m'avez dit apprécier tout particulièrement... »

♦ Suggestions directes ouvertes

Principe : plus permissives, les suggestions directes ouvertes sont des propositions au cours desquelles un choix sera formulé. La notion de choix est importante en hypnose, car les choix ouvrent le champ des possibles, permettant au patient de se situer de façon large dans ce qui lui est proposé. Ces propositions peuvent concerner des possibilités perceptives, émotionnelles, idéatives tout autant que des possibilités plus métaphoriques, comme celles portant sur la notion d'inconscient ou de ressources cachées. Ces suggestions restent cependant, comme leur nom l'indique, assez directes, et parfois, malgré tout, directives.

- Suggestion directe ouverte (SDO) perceptive : « ... Et votre détente peut s'accompagner d'une douce chaleur, ou fraîcheur, d'une autre sensation ou de rien de bien encore précis... »
- SDO émotionnelle : « ... Et vous pouvez laisser une émotion particulière être présente lorsque vous retrouvez ce souvenir de vacances : la joie, la nostalgie, ou simplement quelque chose qui peut vous surprendre... »
- SDO idéative : « ... L'hypnose peut parfois autoriser la venue d'idées que l'on n'attend pas, d'autres auxquelles on choisit de ne pas prêter attention, et enfin d'autres sur lesquelles on peut s'appuyer pour poursuivre... »
- SDO métaphorique : « ...Et vous pouvez laisser votre esprit conscient visiter quelques lieux et souvenirs du passé, du présent, ou de l'avenir tout en laissant votre esprit inconscient poursuivre son recueil d'éléments pour vous libérer du poids de cette difficulté dont vous vous préoccupez, ou simplement vous en soulager... »

♦ Suggestions directes déguisées

Principe : nous mettons sous cette dénomination l'ensemble des techniques qui ne paraissent pas d'emblée être directes, mais qui sont cependant des propositions précises qui vont être reçues par le patient et dont il va pouvoir disposer. À l'articulation entre suggestions directes et indirectes, elles sont cependant le plus généralement placées dans la première catégorie, car elles exposent tout de même de façon claire, explicite, ce qui est attendu, et le plus souvent dans l'ici et maintenant. Le plus souvent, les suggestions directes déguisées conditionnent un événement souhaité (le cœur de la suggestion) à autre chose qui est déjà présent ou va de toute façon se produire.

- Suggestions directes déguisées (SDD) à échelon (ou « suggestion composée ») : « ... À chaque mouvement de votre respiration, vous pouvez prendre conscience de la façon dont votre corps trouve sa place dans cet espace » ; « Plus vous sentez votre main posée sur votre ventre, et plus celle-ci va se coller à celui-ci jusqu'à en devenir indissociable. »
- SDD par double lien : « ... Il peut suffire que votre esprit conscient continue pleinement à m'écouter, à moins que votre esprit inconscient ne choisisse de m'entendre pour trouver comment le faire » ; « Et lorsque votre esprit inconscient sera prêt à faire ce que vous attendez de lui, il pourra alors automatiquement ouvrir les yeux, à moins que votre esprit conscient ne décide par lui-même de laisser vos paupières s'ouvrir pour prolonger ce qui a été entrepris. »
- SDD par pré-supposition : « ... Et lorsque vous aurez respiré une troisième et peut-être une quatrième fois, vous pourrez alors commencer à ressentir cet air parcourir de plus en plus agréablement votre corps. »

Suggestions indirectes

Les suggestions indirectes relèvent d'un procédé de communication plus permissif que les suggestions directes. Elles possèdent à ce titre plusieurs avantages, le premier étant qu'elles n'induisent pas, ou rarement, de résistances en soi. Il est par exemple plus acceptable pour la plupart des patients de s'entendre dire : « Peut-être pourriez-vous, avant de poursuivre le récit de ce moment, vous accorder un temps pour souffler un peu. En observant par exemple votre respiration, en lui donnant plus d'amplitude, ou en la laissant faire d'elle-même » plutôt que : « Avant de poursuivre, prenez une forte inspiration et expiration pour reprendre votre souffle ».

Également, faire appel aux suggestions indirectes revient à rendre l'influence que l'on pourrait avoir sur le patient moins présente : on l'amène à trouver une réponse certes sollicitée par le praticien de l'hypnose, mais plus large qu'en suggestion directe et qui correspond à ce que le patient estime le mieux lui convenir. Autrement dit, il va « penser » et éventuellement agir la suggestion selon ses propres critères, non en fonction du seul désir du thérapeute. Le patient est donc amené à explorer ses propres ressources et à choisir des modalités d'expression reflétant ce qu'il est à un instant précis et dans une situation donnée. Voici quelques types de suggestions indirectes, avec des exemples.

Séquence d'acceptation, ou « yes set »

Principe : le thérapeute décrit la situation au patient telle qu'elle est réellement ni interprétation, ni inférence du type « ... et vous pouvez juger le fauteuil particulièrement confortable ». Ceci installe un climat qui favorise chez le patient, sinon un sentiment de confiance, au moins l'idée que le thérapeute est bien présent et comprend la situation telle qu'elle est vécue. Après un temps, il est alors possible de proposer des suggestions au patient pour modifier sa perception de la réalité. La séquence d'acceptation est bien souvent à privilégier chez les personnes naturellement angoissées, qui ont besoin de repères concrets pour s'autoriser à une moindre vigilance quant à un environnement perçu comme potentiellement source de danger. La séquence d'acceptation est souvent marquée par des paroles floues, vagues, suffisamment larges pour que le patient puisse reconnaître sa situation dans tous les cas.

« Et en étant assis, dans la position qui est la vôtre en ce moment, vous pouvez sans doute continuer à percevoir les bruits alentours, pour lesquels vous pouvez avoir plus ou moins d'intérêt. Ressentir également les points de contacts avec cette chaise, de façon plus ou moins importante, et qui tout à l'heure ou dans quelques instants pourront vous faire penser que si vous autorisez votre corps à se détendre, il pourra se sentir parfaitement contenu, voire confortable, comme s'il se logeait dans une main qui le soutient. »

Le truisme

Principe : il s'agit de l'énonciation d'une évidence mais qui bien souvent prend l'allure d'une expertise : « ... [À un patient alité] Et c'est souvent en position allongée, les yeux fermés, que la détente vient le plus facilement ». Par bien des égards, le truisme va avoir les mêmes fondements et usages qu'une séquence d'acceptation, en ce qu'elle ne peut en soi être contredite. La différence est située dans le fait que le truisme inclut une suggestion d'emblée. Cependant, il n'est pas forcément recherché que la suggestion soit réalisée d'emblée. Le plus souvent, le truisme prépare plus le patient à ce qui va suivre (l'orientation de la séance en fonction des objectifs) qu'il ne recherche à ce que le patient valide d'emblée ce qui lui est demandé de façon indirecte.

« La plupart des gens ont fait l'expérience que la tête pouvait hocher pour dire oui ou non de façon automatique, pour acquiescer à un propos ou simplement indiquer ce que l'on pense » ; « Beaucoup de personnes rougissent involontairement à certaines émotions ou pensées naissantes » ; « La mémoire sait aussi réagir de façon automatique sans que l'on ait besoin d'y prêter attention, lorsque par exemple on ne retrouve pas sur le moment un nom ou un endroit où l'on a laissé quelque chose et que ce nom ou cet endroit reviennent comme par magie à un autre moment où l'on n'y pensait plus. »

La suggestion par disposition d'esprit

Principe : il s'agit d'amener le patient à penser à un élément auquel est attribuée une qualité en lien avec ce qui est recherché. Comme dans le choix illusoire, peut importe la réponse du patient : il « active » cognitivement et traite l'information demandée.

« ... Quelle est la couleur d'un océan calme? » ; « Quelle est la fleur qui pour vous représente la sérénité ? » ; « Quel est l'animal qui représente le plus la liberté ? »

La suggestion post-hypnotique[1]

Principe : il s'agit ici de poser une proposition dont la réalisation sera ultérieure à la session d'hypnose elle-même. La suggestion post-hypnotique peut être placée pour prolonger quelque chose de la séance ou pour créer un état d'esprit particulier en lien avec un événement. Ce dernier point est très utile notamment dans tout ce qui relève de la préparation (à l'accouchement, à une épreuve telle que l'oral du bac, à une épreuve sportive ou autre).

« [Pour prolonger un état connu pendant l'hypnose]... Et tout à l'heure, après avoir ouvert les yeux, votre corps pourra ressentir le besoin d'étirer chacun des doigts de votre main droite. Ce sera alors le signal que votre corps se donnera pour prolonger aussi longtemps que cela pourra lui être utile l'analgésie qu'il a su créer au niveau des articulations de votre poignet » ; « [Pour la préparation à une ponction lombaire]... Et lorsque demain, à 14 heures, alors que vous êtes assis et penché en avant, vos yeux se porteront sur les lacets de votre chaussure droite, vous pourrez alors tranquillement suivre leur entrelacement pour retrouver le chemin de votre lieu-ressource, au cœur de votre respiration. »

1. Notons qu'historiquement, ce sont les suggestions post-hypnotiques qui ont permis à Freud de formuler l'hypothèse de l'Inconscient et d'expliciter ce qu'il nommait les processus inconscients.

La technique d'ancrage

Cette technique consiste à associer (à « ancrer ») un état mental (et parfois les visualisations associées) à un mouvement corporel. L'ancrage peut être vu comme une forme de suggestion post-hypnotique. Mais là où cette dernière installe un signal fixe de réalisation (une heure précise, un élément d'un événement donné...), l'ancrage va permettre à la personne de provoquer, lorsqu'elle en aura besoin, ce qui aura été ancré. Autre différence, la suggestion post-hypnotique « simple » se réalise sans que la personne soit en état d'hypnose alors que la technique d'ancrage installe chez le patient un état d'auto-hypnose.

Voici l'extrait d'un entretien avec une patiente de 67 ans, venue consulter pour des douleurs parkinsoniennes. Il lui est suggéré par le praticien de trouver une fontaine dans un jardin représentant son potentiel intime. Cette fontaine ayant des propriétés « calmantes » et dont la température serait propice pour « endormir la douleur » (termes employés par la patiente lorsqu'elle avait exprimé ce qu'elle attendait de l'hypnose). Lors de cet extrait, la patiente est hypnotisée : l'ancrage se construit toujours durant l'état hypnotique.

« ... Maintenant que vous m'avez décrit cette fontaine et que vous êtes sûre qu'entre les trois visitées, il s'agit bien de celle que vous cherchez, je vous propose de commencer à plonger à votre rythme une jambe dans l'eau de cette fontaine... Voilà... ressentez bien la dénivellation de l'eau au niveau du pied... de la cheville... du mollet... vers le genou... et s'installer ce calme dans vos articulations... Vous pouvez bien ressentir cela? Vous pouvez simplement me l'indiquer en soulevant l'un des doigts de votre main droite[1] [un doigt se soulève lentement après une vingtaine de secondes]. Très bien... Maintenant, goûtez à cette température si particulière... Celle que vous ne saviez pas vraiment décrire mais qui peut être assimilée à un bain agréable... relaxant... reposant pour tout ou partie de votre corps... ce bain dont vous me parliez...Voilà... Je vous laisse maintenant vous plonger tranquillement dans cette fontaine... Profiter des effets calmants de cette eau sur votre peau... sur vos articulations... endormir les mouvements de contraction spontanée... et lorsque vous aurez profité de ce bain autant que vous le souhaitez et que cela vous est possible, alors vous pourrez aussi me l'indiquer, d'un petit mouvement de tête ou par le même doigt ou un autre de votre main droite... [Après environ 5 minutes, la tête de la patiente se tourne vers l'hypnothérapeute]... Voilà... Parfait... Et ce bain peut être si agréable que vous pouvez souhaiter y retourner lorsque vous le souhaiterez, ou simplement lorsque vous penserez en avoir besoin... Pour ce faire, vous allez pouvoir apprendre à votre corps à se replonger dans cette fontaine lorsque bon vous semblera... Choisissez simplement un simple geste... Quelque chose que vous ne faites pas volontairement et qui peut vous venir automatiquement à l'esprit maintenant... Et lorsque vous aurez ce geste, faites-le

1. Technique du *signalling* : communication gestuelle proposée aux patients lorsqu'ils ne souhaitent pas parler ou lorsque cette parole est plus difficile pour eux, l'état de transe étant plutôt profond.

ici... [Presque d'emblée, la patiente se pince le lobe de l'oreille gauche avec la main droite] Très bien... Ressentez bien le niveau d'appui de vos deux doigts sur le lobe de votre oreille, en même temps que vous continuez à profiter de ce bain... Comme si vous guidiez votre corps pour créer un lien entre ce geste simple et le calme et le sommeil sur vos douleurs que vous procure ce bain... (...) Comme si tout ce qui fait ce moment aux propriétés calmantes se concentrait ou se rengeait dans votre lobe d'oreille gauche... Pour retrouver tout cela plus tard... Avec ce geste... Et lorsque tout ce moment, cette fontaine... ce paysage de jardin... ce que vous ressentez et ce que vous ne ressentez plus sera bien mis dans cet endroit de votre corps, prêt à diffuser lorsque vous referez le geste, vous pourrez alors relâcher la pression de votre lobe en laissant votre main droite repartir et en revenant avec elle ici et maintenant, dans cette pièce... [La patiente, à mesure que sa main et son bras se reposent sur son corps, ouvre les yeux et revient à un état ordinaire de conscience].

Comment vous sentez-vous? [La patiente sourit et respire à fond, visiblement très calme et beaucoup plus détendue qu'initialement]... Tout en prolongeant votre sourire si agréable et qui poursuit la détente du visage et du corps, je vais simplement vous demander de refaire le geste que vous avez choisi, pour retrouver instantanément le chemin de cette fontaine et tout ce que vous y avez associé... [La patiente s'exécute, amène sa main droite au lobe gauche et au moment du contact, referme les yeux.

> Son sourire disparaît, laissant simplement un certain niveau de décontraction au niveau du visage. Elle se repositionne dans le fauteuil. 3 ou 4 minutes s'écoulent, elle rouvre les yeux]. « Ça y est, j'y étais retournée, mais la fontaine ne pouvait pas me calmer plus, car je ne ressens plus de contraction au niveau des orteils, ni de crampes. »
>
> Très bien, maintenant que vous avez dessiné ce nouveau chemin, ce lien, au sein de votre corps, il vous suffira de le reprendre lorsque vous aurez de nouveau besoin de cette fontaine et de ses effets calmants sur vos douleurs ».

Communication « en transversal »

Principe

Certains principes de communication hypnotique ne sont pas des techniques en soi, mais les accompagnent. Ils organisent une liaison dans la relation et l'échange avec le patient.

Deux exemples

♦ Locutions permissives

Avec le souci de ne pas se confronter de façon trop directe avec les résistances du patient, le praticien de l'hypnose va préférentiellement utiliser des précautions verbales telles que « peut-être », « il est possible que », « éventuellement », « il se pourrait que », etc. Ceci permet notamment que les suggestions faites ne prennent pas l'allure d'un ordre, ce qui serait proprement inutile et improductif, et permet également d'indiquer au patient qu'il ne s'agit que de propositions. À lui d'en disposer.

♦ Les images analogiques et symboliques

L'une des « règles d'or » de l'hypnose est de pouvoir se saisir de ce qui est présent et de le rendre autrement au patient pour qu'il puisse en user. Un travail de transformation tout à fait essentiel, et qui demande une véritable expertise professionnelle.

S'il avance une image par exemple (« Ma douleur, c'est comme une brûlure, un muscle en feu »), cette image sera « scénarisée » dans un schéma plus vaste : « Pouvez-vous visualiser ce feu que vous me décrivez, et me donner la couleur des flammes ? Du bleu, très bien... Maintenant, je ne sais pas si vous pourriez imaginer une flamme plus grande, comme celle d'une bougie, marquée par une zone jaune au sommet... Et vous savez que le jaune procure une chaleur moins intense que le bleu... Comme si la chaleur s'évaporait dans cette partie... Peut-être, étant petit, vous est-il déjà arrivé de passer la main pour vous amuser dans cette zone jaune sans vous brûler... Ou peut-être l'avez-vous vu faire sans à ce moment oser le faire (...) Et parfois il peut arriver que ce jaune soit si présent, si fascinant que l'on veuille en jouer et que l'on ne voie plus le bleu à son origine (...) ».

Qu'a fait ici le patient ? Il a construit une analogie en transformant une sensation en image (un muscle qui est en feu). Le praticien lui rend son image, de façon plus globale et ici en y introduisant de façon ludique une dimension de contrôle, avec pour but d'aider le patient à modifier son percept sans toutefois jamais le citer en tant que tel.

Travail spécifique

Principe

Durant la phase d'hypnose même (après l'induction), des expériences spécifiques peuvent être proposées, qui utilisent en grande partie la suggestion et certains éléments de communication transversale.

Exemples

♦ Lien entre « le sain » et « le lésé »

La patiente, atteinte de fibromyalgie, a défini avant la session d'hypnose que dans l'actualité de la séance, seule son épaule droite était douloureuse alors que la gauche semblait bien mobile et bien plus détendue ; la patiente est maintenant hypnotisée.

> « ...Et je ne sais pas si vous pouvez vraiment ressentir la façon dont la partie droite et la partie gauche de votre corps communiquent... Vous pouvez vous le représenter, avec ces éléments symétriques que sont les os... Cette délimitation de la colonne vertébrale... Une symétrie où de part et d'autre peuvent se passer des choses bien différentes... Comme cette douleur à l'épaule droite, alors que la gauche exprime tout à fait autre chose... (...) Et vous savez que votre épaule gauche a aussi su ce qu'était la douleur mais sans que votre esprit conscient n'ait besoin de savoir pourquoi, elle sait aussi y résister à d'autres moments... (...) Et peut-être que ce qui est ressenti par l'épaule gauche peut maintenant s'autoriser à franchir cette limite centrale... Simplement pour venir apprendre à votre épaule droite à savoir faire, en ce moment, ce qu'elle pense encore ignorer... Comme un ami qui viendrait pour donner quelques conseils... Et qui pourrait s'installer quelque temps jusqu'à ce qu'il soit sûr que tout va bien... Ou s'assurer que les choses vont déjà mieux, qu'il a été entendu, et qu'il peut repartir plus sereinement (...). »

♦ Lieu de protection (« *safe place* »)

Le jeune patient, en post-chirurgical, a des examens et pansements réguliers ; il est actuellement hypnotisé.

> « ... Et peut-être simplement que ce voyage en ballon peut t'emmener dans un lieu que tu aimes tout particulièrement... Continue à souffler sur le ballon comme tu le fais pour l'aider à t'emmener dans ce lieu qu'il a envie de te faire découvrir... [L'enfant continue comme demandé dans la consigne initiale de souffler sur sa main, qui s'est « envolée » autour de lui pour explorer son espace de vie]... Voilà, et dès que ce ballon se posera, tu sauras que ce lieu dont on avait parlé est trouvé, et tu pourras le visiter à nouveau... Mais peut-être que ton ballon commence à descendre et que tu vois des éléments tout petits qui deviennent plus gros ? [L'enfant répond que oui.] Très bien... Laisse bien à ton ballon le temps de descendre à la bonne vitesse pour que tout soit bien confortable... raconte-moi... (...)... Et maintenant que tu as bien visité ce lieu qui est le tien, comme une chambre dont tu serais le seul à savoir où se trouve la porte... Tu peux bien t'assurer combien tu es bien dans cet endroit-là... (...) Mais en repartant, il faudra bien t'assurer que tu pourras retrouver ce lieu très facilement... En faisant quelque chose que tu décides seul... Juste en fermant les yeux, ou en regardant ta main, ou simplement lorsque tu le décides, comme on réalise un vœu... (...). »

♦ Induction d'une anesthésie avec déplacement

Le patient a préalablement choisi le froid comme vecteur d'anesthésie ; l'induction hypnotique a été faite.

> « (...) Et en posant votre main sur la glace, dans ce décor de neige, vous pouvez ressentir peut-être un picotement dans l'un de vos doigts... puis un autre... ou peut-être la paume en premier... Et vous pouvez être curieux de ce picotement... Et observer simplement combien ce picotement peut être le signe que votre main s'endort... (...) Et lorsque votre main sera totalement endormie, vous pourrez le vérifier en essayant de lever l'un des doigts et m'indiquer combien cette main est profondément endormie, anesthésiée, en levant un doigt de votre main qui elle est bien vigile et répond parfaitement... (...) Très bien. Et maintenant, je vais vous demander de vous aider de votre avant-bras et de votre bras pour soulever délicatement cette main endormie, anesthésiée pour la poser sur votre genou endolori... voilà, très bien... Et peut-être qu'à son tour, ce genou peut ressentir le froid contenu dans votre main, et voir les premiers picotements apparaître... Comme si toute l'anesthésie de votre main diffusait à l'intérieur du genou, pour se loger à l'endroit où votre corps en a le plus besoin... (...) »

♦ Réinterprétation des sensations

Le patient, adolescent, est en crise de drépanocytose, avec des douleurs particulièrement situées au niveau des jambes qu'il n'ose bouger ; il s'agit d'une hypnose conversationnelle.

> « ... Et là, peux-tu sentir combien ces brûlures sont présentes ? D'accord, et peut-être peux-tu en même temps ressentir leur appui sur le lit ? Une sensation ou une autre peut d'ailleurs être présente, et cet appui peut être plus ou moins associé à de la lourdeur ou au contraire à de la légèreté ou rien de vraiment identifiable autrement... Perçois-tu ce qu'il y a à percevoir, dans la position qui est la tienne en ce moment ? Et combien une perception immédiate, les zones d'appui, peuvent facilement devenir autre chose ou être perçues autrement ?... Très bien. Et peut-être maintenant ou dans quelques secondes, tu peux aussi t'autoriser à explorer ces sensations de brûlures de la même façon... Tu les connais bien et elles te connaissent bien, tu peux sans doute t'en approcher facilement... (...) Et ces brûlures, lorsque tu les explores peuvent peut-être renfermer quelque chose de différent qui jusqu'à présent était un peu caché ou qui ne semblait pas présenter d'autre intérêt... Comme une pression peut s'accompagner de lourdeur ou d'autre chose, peut-être la brûlure peut renfermer une autre sensation, différente ou bien proche tout en n'étant pas tout à fait pareille... (...) Et cette chaleur qui était derrière la brûlure, tu la connais peut-être dans d'autres circonstances ? Lorsqu'il fait froid dehors et que l'on est au chaud quelque part ?

> Ou simplement comme une boisson qui viendrait doucement réchauffer le corps ? Et cette chaleur qui envahit tranquillement le corps quand on en a besoin et qu'on le décide, elle peut être comme une agréable couverture de coton dans laquelle on s'emmitoufle les soirées d'hiver... Quand on est triste d'être là et que l'on voudrait être ailleurs, où la chaleur est différente, enveloppante, comme un tissu protecteur et agréable... Peux-tu retrouver cette sensation dans tes jambes, ou est-ce que ce sera plus simple de le ressentir d'abord au niveau du dos avant que tout le corps se protège dans cette couverture de coton ? (...) »

♦ Régression et actualisation des expériences

La patiente souffre du syndrome des jambes sans repos ; elle est hypnotisée.

> « ...Et vous pourriez par exemple emprunter autant de marches que d'années... pour rejoindre un endroit où l'on ne se rend pas tout le temps, mais qui est pourtant toujours présent... Comme un grenier, dans une maison. Un grenier qui prend un peu la poussière et où se trouvent plein de trésors, d'objets oubliés, de choses dont on pense qu'elles n'ont plus une utilité immédiate et qui pourtant n'ont pas été jetées... (...) Un endroit qui peut fasciner, plein de recoins, où il peut être bon de venir se cacher... Et peut-être justement que ces marches vous ont conduit dans cet endroit pour venir vous cacher de quelque chose, ou bien de quelqu'un. Et peut-être pouvez-vous

> retrouver l'excitation que l'on a lorsque l'on est petite fille à jouer à « cache-cache »... Et peut-être aussi d'aider cette petite fille à trouver une cachette dans ce grenier... Pour ne pas être découverte par ce qui rôde... La cachette est trouvée ? [La patiente fait un signe de la main.] Très bien. La position n'est peut-être pas bien confortable, mais comme vous le savez et pouvez l'indiquer à cette petite fille, il est important de ne pas bouger si elle ne souhaite pas être découverte. Peut-être l'aider à trouver une autre position, une autre assise... (...) et vous pouvez attendre un peu pour vérifier maintenant que ce qui rôde est bien parti, sans avoir vu cette petite fille... (...) Et souvent, lorsque l'on va dans un endroit comme celui-ci, on repart avec un objet que l'on avait oublié et que l'on retrouve, ou simplement un objet qui rappelle un moment passé où quelque chose a été réussi... Peut-être qu'à proximité de sa cachette où cette petite fille a appris à être bien immobile lorsque nécessaire, elle pourrait trouver avec surprise un objet qui lui rappelle cela... (...) ».

♦ La réification

Le patient souffre de douleurs neuropathiques post-zostériennes (complication du zona) ; il s'agit d'une hypnose conversationnelle.

> « ... Et si cette douleur était une figure géométrique ?(...) Un triangle de quelle couleur ? (...) Pouvez-vous bien visualiser ce jaune ? (...) De quelle matière est ce triangle jaune ? Quelque chose comme

une racine ? Vous ressentez bien les attaches de cette racine ? (...) Et simplement l'étendue de ce triangle, sa surface ? Bien, je vais vous demander de fermer les yeux quelques instants, pour bien percevoir et peut-être voir ce triangle jaune, comme une racine dont vous pouvez percevoir l'étendue le long des côtes (...). Parfait. À votre avis, quelle va être la dimension la plus simple à modifier ? La forme, la couleur, la matière ou bien son étendue ? (...) Et que pourriez-vous imaginer pour que ce jaune devienne plus pâle ou peut-être plus intense ? (...) Pouvez-vous simplement continuer à bien percevoir combien à chaque fois que votre chemise frotte à cet endroit, le jaune de ce triangle devient plus pâle, comme une peinture qui s'userait... Et en même temps que cela frotte, cela produit des douleurs car il faut frotter assez fort... Mais aussi, à mesure que ce jaune commence à passer, il n'est peut-être plus nécessaire de frotter aussi fort et de transformer ce frottement peut-être comme une patine que l'on passe ou simplement une caresse qui permettrait de lisser cette surface, une fois que le jaune que vous souhaitez atteindre est effectivement trouvé (...). »

Emploi de métaphores

Principe

Par bien des aspects, la métaphore hypnotique ressemble à un conte thérapeutique, voire à un conte tout court. Et ce d'autant plus que les métaphores peuvent mettre en scène une situation avec des personnages fabuleux, ou encore des animaux dotés de caractéristiques particulières, par exemple la parole.

Évidemment, la métaphore hypnotique ne consiste pas en le récit d'un « simple » conte, mais renvoie à des principes bien précis à la fois de construction, de narration mais aussi dans ses objectifs, qui ne peuvent être développés ici.

La métaphore est sans doute l'outil le plus complexe, le plus pointu mais aussi le plus caractéristique de l'approche hypnotique. Elle a pris naissance avec Erickson, et s'est depuis largement répandue.

Schématiquement, la métaphore consiste en un récit construit par analogie avec une difficulté exprimée par un patient, et dont l'objectif va être de provoquer le changement. La métaphore doit être la plus individualisée possible. C'est-à-dire qu'elle doit être le reflet le plus exact de la difficulté que vit le patient ; difficulté qui l'a amené à consulter. Bien sûr, l'intérêt de la métaphore est qu'elle va proposer de façon indirecte au patient une nouvelle ouverture pour trouver sa solution, en contournant quelques résistances. Mais pour que la métaphore puisse être « entendue » dans tous ses aspects, elle doit renvoyer très directement à la situation qu'elle est censée éclairer.

Un exemple de métaphore

La patiente est venue consulter car elle n'arrive pas à prendre une décision importante pour sa vie. Dans l'entretien, la peur du changement et de la perte d'identité revient. L'hypnopraticien lui propose une métaphore autour d'une rivière, ici synthétisée (la patiente est alors hypnotisée). La description de la rivière reprend la description que la patiente avait faite d'elle, et le « problème » de la rivière reprend ce que la patiente a décrit de sa situation actuelle. La métaphore a pour but d'initier un changement.

« Une rivière serpentait dans la nature. Elle était joyeuse, enjouée, se régalait de tous ces paysages qu'elle traversait. Et quelle joie de rencontrer autant de gens au fil de sa course ! Elle ne s'arrêtait pas vraiment, profitait simplement de sa vie et de tous ses cadeaux, oubliant sa fatigue pour aller de l'avant et mener sa vie de rivière, à la fois curieuse et toujours pressée. Et puis un jour, au fil de son parcours, cette rivière se retrouve dans un champ plus difficile à traverser, sablonneux et rocailleux. Elle ne laisse pas de place à la panique et décide d'aller de l'avant, de forcer son passage. Mais plus elle avançait, et plus elle s'épuisait, jusqu'à se demander ce qui allait bien pouvoir arriver si elle ne pouvait dépasser ce champ pour rejoindre un terrain qui lui serait plus profitable. Elle commençait à douter, se confronta à ses limites, et connut la crainte : si elle s'arrêtait, pour la première fois de sa vie, elle risquait de perdre ce qui faisait d'elle une rivière : le fil de l'eau, le mouvement, un lieu où la vie peut s'épanouir... Allait-elle se transformer en vulgaire marre, comme elle en connaissait d'autres, quelque chose qui pour elle était crasseux et inerte ? La peur l'envahit, elle jeta ses dernières forces dans la bataille, affolée, sentant qu'elle pouvait ici tout perdre. Et puis, on ne sait ce qui se passa, mais elle entendit comme une petite voix. Une voix qui semblait avoir toujours été là, mais qu'elle n'avait pas prise le temps d'entendre. D'où pouvait-elle bien provenir ? De quelqu'un ? Du ciel ? De sa conscience ou d'ailleurs ? Elle ne le savait pas, mais tendit l'oreille vers cette voix qui lui disait tout bas « rivière, tu n'as pas toujours été rivière, mais avant, gouttes de pluie venues des nuages. Peut-être peux-tu demander au vent de t'aider à nouveau ? ». Était-ce vrai ? L'avait-elle oubliée ? La rivière ne savait que faire, pouvait-elle prendre le risque de stopper ses efforts et de s'en remettre au vent ? Ne risquait-elle pas de ne plus jamais être la rivière qu'elle avait toujours aimé être ? Épuisée, elle s'y résolu enfin, bien qu'assaillie par la peur. Elle en appela en vent : « porte-moi, change-moi comme j'ai su changer avec toi auparavant ». Le vent s'exécuta, et la rivière se transforma en fines gouttes. Quel voyage ! Et le vent la déposa plus loin, sur une terre qu'elle ne connaissait pas, où la rivière put reprendre sa route, neuve et remplie de joie de n'être plus tout à fait la même tout en se retrouvant totalement ».

Choix des outils en hypnose

Ce qui relève du praticien

Pour initier une métaphore que nous reprendrons durant l'ensemble de cette partie, nous pourrions dire que le praticien est comme un serveur de restaurant, et le patient comme un client souhaitant découvrir un type de cuisine qui lui est inconnue (du moins le pense-t-il). Le praticien-serveur tend une carte au patient-client, et va guider ses choix afin que soit rempli l'objectif fixé : être soulagé du vide intérieur, ici nommé faim, et, si possible, se remplir de choses agréables qui feront apprécier le reste de la journée autrement. Un travail de guidance est ici nécessaire : le client ne connaît pas la langue utilisée, ni la composition des plats. Après de brèves questions pour cerner le goût de son client, le serveur va orienter ses choix vers tel ou tel plat, et peut-être simplement la « spécialité du jour » ! Ainsi, à partir de la carte, se trouvera composé le menu.

Qu'est-ce à dire ? Que le praticien, tout au long de sa formation et de son expérience, a construit une carte plus ou moins complète dans laquelle va se puiser exemples, exercices et autres expériences qui seront proposés au patient. Autrement dit, pour choisir des outils, il faut bien qu'une acquisition permette au praticien d'en disposer de plusieurs pour ne pas « imposer » au client son menu. La carte constituée, le praticien explore le monde interne du patient notamment par le biais de ses goûts et aspirations. Par exemple, le praticien va plus facilement opter pour l'usage des métaphores si le patient présente un mode de pensée contenant une forte dimension régressive et au discours très empreint d'analogies. Par contre, si le patient est plus dans le discours, dans le concret, avec une forte dimension perceptive, l'usage des suggestions sera, au moins dans un premier temps, privilégié. Autre exemple concernant la « mise en transe », si le patient présente les caractéristiques d'une personnalité anxieuse et qui plus est vient consulter pour un problème traumatique, l'induction se fera préférentiellement avec des techniques de validation[1] qui ont l'avantage de fixer au moins des repères de lieu. Autrement dit, le choix des outils se fait pour le praticien avec « ce qu'il a en stock », et dans une écoute globale du patient : de sa demande, de sa situation et de ce qu'il est.

Ce qui relève du patient

Oui, mais... Lorsque la carte est présentée au patient-client, celui-ci ne dit pas l'intégralité de ce qu'il aime. Il exprime au praticien-serveur ce dont il a envie dans l'instant (l'ici et maintenant).

Autrement dit, le patient suggère des choses à son praticien... La suggestion est souvent présentée comme le fait du praticien. En fait, le patient suggère également des éléments sur ce qui le concerne, sur ses croyances quant à ce qui lui arrive, et il suggère aussi des éléments sur le chemin à suivre pour qu'il aille mieux. Ces suggestions sont portées par des phrases comme :

- « On me dit que c'est dans ma tête, je veux bien le croire, mais moi c'est bien au corps que j'ai mal ! » (suggéré : n'allez pas voir comment je fonctionne, guérissez mon corps avant tout, on verra pour le reste après) ;

1. Cette technique consiste à induire l'hypnose simplement en décrivant la situation telle qu'elle est pour le patient (« et vous êtes là, assis, les mains sur vos genoux ») de telle sorte que ce dernier ne puisse que valider les propos tenus.

– « Ce que je pense de l'hypnose ? Et bien j'ai vu une émission à la télévision hier, je ne sais pas si vous l'avez vu, mais la patiente passait sa main sur son cou après une sorte d'anesthésie sous hypnose et elle a été guérie » (suggéré : je veux que vous me fassiez pareil ; je veux être endormie sous hypnose et à mon réveil, tout devra avoir disparu) ;
– « Ce qui me fait peur, c'est que je dise n'importe quoi ou que je ne me rende pas compte » (suggéré : j'ai peur de perdre le contrôle. Si vous essayez, vous allez vous y casser les dents !) ;
– « C'était agréable, mais j'étais comme dans « les vaps » après et j'ai mis du temps avant de retrouver ma voiture » (suggéré : vous avez été trop vite, je veux prendre mon temps) ;
– Etc.

Autrement dit, même si le praticien ne pense disposer que de sa carte personnelle et orienter les choix du patient, ce dernier influence le praticien dans les propositions de forme de suivi qui sont faites.

Ce qui relève de la relation

Cependant... Lorsque le patient-client s'exprime et exprime ses désirs, il est souvent exhaustif, ou en tout cas il en exprime bien plus que ce qu'il ne pourrait réellement avaler. Alors comment le praticien-serveur va l'aider à composer son menu parmi toutes les envies exprimées, en tenant compte de la satiété ? On peut penser que le praticien-serveur écoute son patient-client et lorsqu'un désir exprimé peut être satisfait par quelque chose qui est sur la carte, il va le conseiller. Sinon, il attendra que le patient puisse exprimer un autre désir auquel il peut répondre par un plat.

Autrement dit, dans toutes les suggestions faites par le patient, le praticien va se « saisir » de quelque chose qui fait écho avec des choses qu'il connaît, qu'il peut proposer, ou simplement qu'il trouve pertinent de proposer. Ce phénomène est de l'ordre de l'intersubjectivité[1]. Certains éléments subjectifs dans la façon dont le patient s'exprime vont résonner dans la propre subjectivité du praticien. Pensant que c'est lui qui suggère un choix et propose des choses, le praticien est en quelque sorte sous l'influence de son patient. Parfois à « son insu », il se saisit de choses suggérées par le patient qui font écho avec ses propres représentations, ou la façon dont lui entrevoit une difficulté.

Synthèse autour de la « petite cuisine de l'hypnose »

La métaphore culinaire présentée en tout début de cette partie a donc évolué. Le « menu » composé à partir de la carte n'est pas du seul fait du praticien et de sa boîte à outils dans lequel il puiserait plus ou moins arbitrairement des éléments. Les choix ne sont pas non plus du seul côté du patient. Mais le choix des outils dans une dynamique thérapeutique s'effectue à deux, dans l'intersubjectivité. Le menu est co-construit, mais aussi déterminé pour partie par des éléments qui échappent à la conscience immédiate des deux parties en présence.

Lorsque s'aborde la question du choix des outils, il est donc bien difficile de donner des éléments fiables, cohérents et

1. Bioy A. « Iatrogénie de la parole médicale et maltraitance dans la douleur chronique », in : Ferragut E. (coord.), *Douleurs, agressions et maltraitance*, Paris, Masson ; 2006 : 36-42.

pérennes de réponse, tant les variables qui vont guider ces choix sont multiples et, pour partie, inconscients.

Synthèse

Les outils employés en hypnose sont assurément multiples. Pour autant, ces outils peuvent rapidement se révéler être des leurres s'ils sont employés pour ce qu'ils sont, c'est-à-dire sans vision d'ensemble du cadre de la pratique, mais aussi des concepts qui la guident. Les techniques présentées sont des supports, des modes d'expression, d'une conceptualisation plus vaste et bien plus riche encore que de simples tours de « passe-passe » langagier. En particulier, la créativité du praticien tout autant que celle du patient est mobilisée au cours des suivis.

La créativité du praticien désigne à la fois la façon dont il perçoit son patient dans son ensemble et sa singularité, la façon dont il sait s'adapter à ce qu'il perçoit, mais aussi sa capacité à mobiliser de façon fluide et cohérente ses propres ressources et expériences au sein d'un cadre thérapeutique dont il est le garant.

La créativité du patient désigne sa capacité à transformer les éléments qui le composent : vie psychique, physique, sa façon d'envisager le monde et de s'inscrire de façon parfois différente. En un mot de s'adapter, évoluer, changer en intelligence avec ce qu'il est et comment il l'est, en situation.

Nul outil factuel et langagier ne peut venir en béquille d'une créativité qui ne se trouve pas, elle ne peut que la stimuler pour se présenter, construire un creuset pour sa survenue.

Nous pourrions avoir des propos sensiblement identiques concernant toutes les données intrapsychiques et intrasubjectives présentes en entretien. Qu'elles fassent ou non l'objet d'une analyse, ces données sont de toute façon présentes au-delà des mots prononcés et des éventuelles ruses de langage utilisées.

« F.A.Q.[1] »

Les questions auxquelles répond ce chapitre :

- Peut-on être dépendant à son thérapeute ?
- L'hypnose est-elle une mode ?
- Est-il nécessaire d'aller voir une personne connue pour se guérir ?
- Mon symptôme va-t-il revenir ?
- Une personne hypnotisée peut-elle devenir hypnothérapeute ?

Nous proposons ici de répondre à des questions qui sont fréquemment posées autour de l'hypnose et de sa pratique par les patients, par les participants aux cycles de formation ou dans d'autres situations.

Questions portant sur l'hypnose

Quelle est la différence avec l'hypnose de spectacle ?

L'hypnose de spectacle est avant tout... du spectacle. Cela n'a pas grand-chose à voir avec l'hypnose pratiquée dans le domaine

1. « *Frequently Asked Questions* » : questions fréquemment posées.

du soin, et de la santé au sens large. Nous ne traitons ici que des véritables mises en transe hypnotique sur scène, car il est important de souligner que bon nombre de prétendus numéros d'hypnose n'en sont pas (comme la plupart des prétendues catalepsies où l'hypnose permettrait qu'un corps tienne seul entre deux chaises séparées d'un mètre : il ne s'agit que d'un passe-passe scénique...).

L'hypnose de spectacle utilise des ressorts archaïques, violents, afin de créer un état modifié de conscience profond. Il s'agit principalement de la sidération brutale, s'appuyant sur la peur que la représentation de l'hypnose peut provoquer. Sur un versant moins spectaculaire (et donc moins usité...), la multiplication de suggestions directes sur des personnes suggestibles, c'est-à-dire sensibles à la suggestion verbale, permet également d'atteindre un état modifié de conscience. Puisqu'il serait fastidieux de tester la suggestibilité en individuel des spectateurs, le spectacle commence d'abord par une démonstration collective et les personnes les plus « répondantes » sont alors invitées à venir sur la scène. Comme on peut le voir dès ce premier exemple, la méthodologie entre hypnose de spectacle et hypnose telle que pratiquée dans le soin n'est pas la même.

Le second élément de différence réside bien sûr dans les objectifs de chacune des séances : au service du spectacle, de « l'amusement public » (aux dépens d'une personne...) dans un cas, et au service de l'individu dans l'autre.

Enfin, pour se limiter à trois exemples, l'hypnose « sauvage » n'offre pas les mêmes garanties. La plupart des hypnotiseurs de spectacle n'ont aucune notion de ce qu'ils manipulent, et comptent sur leur ascendant fugace mais violent pour « contrôler » ce qui pourrait venir chez leurs « cobayes ». Les praticiens de l'hypnose (du moins lorsqu'ils sont dûment formés) ont une visibilité à la fois sur la dynamique psychique mobilisée au cours des séances et sur ce qui émerge en entretien. Par ailleurs, un suivi ne consiste pas en une séance ponctuelle, ne serait-ce que pour suivre l'évolution de ce qui a émergé (ce qui constitue une règle déontologique de base).

Les hypnotiseurs de spectacle existent depuis longtemps, mais l'ancienneté n'est un critère ni d'innocuité pour les sujets qui en sont les victimes, ni de légitimité pour poursuivre. Que penserait-on si un « chirurgien de spectacle » venait sur une scène, « ouvrir » son patient pour montrer à la foule son anatomie interne, avant de le recoudre ? Ce serait tout aussi spectaculaire, pourtant...

Il n'est cependant pas question de prétendre que tous les sujets qui se font hypnotiser sur une scène vont décompenser une pathologie psychique du fait de l'hypnose. Mais un risque subsiste, et les gens du spectacle ne sont pas alors à même de pouvoir encadrer ce qui adviendrait sur le moment ou à distance (quelques heures ou jours après). Certes, avec un véritable praticien de l'hypnose, le risque n'est pas nul (et inhérent non à l'hypnose mais à toute forme de relation d'aide), mais il est tout de même largement moindre.

L'hypnose a-t-elle quelque chose à voir avec le surnaturel ?

L'hypnose n'a rien d'une technique surnaturelle. La confluence entre ces deux domaines vient principalement de deux faits :

- L'ésotérisme a « repris » à son compte quelques phénomènes hypnotiques, comme l'écriture automatique (qui relève de processus mentaux complexes et de rien d'autre) ;

– Lorsque l'on ne sait pas encore à quoi attribuer un phénomène, un fait ou une observation, on a tendance à l'attribuer à des causes irrationnelles en l'absence de causes rationnelles connues.

Avec l'avancée de la science, les mécanismes de l'hypnose sont maintenant bien mieux connus et ce qui pouvait être pris pour des phénomènes paranormaux s'explique de façon très rationnelle. Tout n'est pas encore compris, et le lien entre hypnose et ésotérisme persiste encore en s'appuyant sur les croyances des consultants (comme le pseudo revécu des vies antérieures par hypnose, qui relève d'une vaste – mais très lucrative – supercherie[1]). Mais peu à peu, le voile se lève, au grand désespoir de tous les illuminés marchands de bonheur qui font recette sur le dos de l'hypnose...

Scientifiquement, la question de la confluence entre hypnose et surnaturel s'est posée à de nombreuses reprises (lien avec la télépathie, avec les perceptions extrasensorielles, etc.) sans jamais être vérifiée. Au risque de réduire l'hypnose à ce qu'elle est finalement : d'une banalité affligeante, et pourtant déjà si efficace sans prétexter de pseudo-théories qui pourraient venir l'enrichir...

1. Nous ne disons pas ici que les vies antérieures existent ou n'existent pas. Nous disons simplement que l'hypnose ne renseigne pas sur ce point, et donc se trouve très loin d'être une façon de revisiter ses vies antérieures, si elles existent. Là encore, le peu de connaissances de certains praticiens de l'hypnose, du fait d'un manque de formation initiale suffisant et du manque d'un bagage nécessaire en relation d'aide (d'un point de vue conceptuel, théorique comme pratique) explique pour partie ces dérives où les croyances viennent contaminer une pratique qui n'est pas faite pour cela, et peut même être dangereuse à ce propos. Et puis bien sûr de vrais charlatans existent...

L'hypnose n'est-elle qu'une mode ?

Cette question est tout à fait pertinente et légitime. En effet, l'histoire de l'hypnose a été pour le moins chaotique, et plusieurs « démarrages » ont été avortés. On peut par exemple citer son usage en anesthésie au XVIIIe siècle, évincé par la survenue du chloroforme, avant de revenir de nos jours, du fait du bénéfice certain que l'hypnose apporte aux patients (et aux soignants) notamment en termes de gestion de la douleur, de l'anxiété, etc.[1] L'exemple est certes un peu rapide, mais il reflète pour autant une réalité. Il n'est donc pas impossible que nous assistions en ce moment à une nouvelle vague « pro-hypnose » qui serait vouée à se rendormir prochainement. Ceci dit, cela semble peu probable. D'abord parce que l'hypnose n'est plus considérée comme une croyance, notamment du fait de l'objectivation de l'état hypnotique. Elle est étudiée aux quatre coins du globe dans des laboratoires de neurosciences, en psychologie expérimentale et clinique, en anthropologie, en médecine fondamentale, etc. Non seulement pour ce qu'elle est, mais aussi parce que comprendre plus complètement l'hypnose, ce serait comprendre également d'autres phénomènes qui interrogent et qui lui sont liés : toutes les formes de transe (méditation, danses tribales...), l'effet placebo (dont l'importance n'est plus à démontrer au moins en pharmacologie), la conscience, les automatismes de pensée et la formation des cognitions, les faits dits « psychosomatiques » sur lesquels la science bute depuis plus de 2000 ans, etc.

1. Voir à ce sujet notamment les travaux du Pr Faymonville.

L'hypnose est-elle plus efficace qu'une autre méthode ?

La question ne peut pas être tranchée, du moins pour l'instant. Sur le plan psychothérapeutique, la question ne se pose pas : on peut comprendre les ressorts de l'hypnose et comprendre comment elle peut « agir » sur un individu, mais son efficacité n'est pas mesurable de façon chiffrée car elle fait intervenir trop de facteurs subjectifs, complexes et difficilement réductibles à des données recueillies à l'aide d'échelles de mesure.

Si l'on quitte le domaine de l'hypnothérapie pour se concentrer sur celui de l'hypnose à visée symptomatique, il est bien sûr plus simple, du moins en théorie, d'aller voir si le soulagement ou l'éradication d'un symptôme est effectif, plus rapide, plus complet, que pour d'autres approches. Il en est de l'hypnose comme des autres méthodes de relation d'aide : elle ne peut être dite plus ou moins efficace qu'une autre dans l'absolu. Elle est simplement une bonne indication pour certaines personnes, moins pour d'autres.

Questions portant sur la transe

Peut-on rester « bloqué » en transe ?

Définitivement, non. On pourrait dire que tout se passe comme si cet état modifié de conscience que l'on nomme « transe » possédait une durée de vie limitée.

Il est possible d'entretenir l'état de transe d'un patient (simplement par des techniques de relance), c'est d'ailleurs là un élément central. Sans « entretien » externe de la transe par un clinicien ou un expérimentateur, les personnes hypnotisées finissent toujours et naturellement par revenir à un état ordinaire de conscience[1]. Tout le monde en a d'ailleurs déjà fait l'expérience : qui, parmi les lecteurs de cet ouvrage, est déjà resté bloqué en état modifié de conscience en regardant un film ou au volant d'une voiture ? Si tel était le cas, alors que vous en avez déjà fait l'expérience, vous ne seriez pas en train de parcourir consciemment ces pages ! Le « joueur d'échec » de Dostoïevski qui s'échappe par l'imaginaire à sa réalité et y reste bloqué n'existe que dans ce roman... Mais quelle fascinante perspective, parfois !

Peut-on simuler la transe hypnotique ?

Cela est en effet partiellement possible. En reproduisant certains signes cardinaux de la transe hypnotique (ou du moins considérés comme tels) comme un niveau d'articulation moindre, un ralentissement moteur, un regard vague et fixe, etc. il est effectivement possible de simuler un état de transe. Cependant, cette simulation possède toujours une limite et notamment dans les situations expérimentales, il est assez simple de la dépister.

La seule « bonne » question lorsque l'on évoque la question de la simulation, du moins en situation clinique, est la suivante : pourquoi l'individu éprouve-t-il le besoin de simuler la transe hypnotique ?

Peut-on passer de l'état de transe au sommeil ?

L'hypnose classiquement proposée (non à visée de relaxation) ne favorise pas le sommeil. Elle est active et parfois même très interactive. Il y a donc peu de chances de s'endormir.

1. Orne M.T., "The Nature of Hypnosis : Artefact and Essence", *Journal of Abnormal and Social Psychology* 1959 ; 58 : 277-299.

Cependant, il peut arriver que l'état de transe soit si profond que le patient ait cette impression et même parfois... il arrive que le patient ronfle ! Cependant, la réponse positive aux suggestions (lévitation du bras, etc.) indique qu'il n'en est rien.

Il est en revanche possible, durant l'apprentissage de l'auto-hypnose, d'axer le travail autour de suggestions de détente allant jusqu'à l'autorisation de s'endormir que le patient peut se donner. Ceci est très utile lorsque l'hypnose est employée dans les troubles du sommeil. Le sommeil pouvant être assimilé à un comportement, il peut être favorisé au même titre qu'un autre comportement par l'hypnose.

Quelle est la part de l'habitude dans ces phénomènes de transe ?

Comme nous l'avons dit, l'hypnose n'est pas un état modifié de conscience inédit, mais bien quelque chose de banal. « Faire de l'hypnose » consiste donc à employer de cette capacité naturelle autrement.

Plus la personne va être hypnotisée, et plus elle pourra entrer facilement en hypnose. Concernant les patients que l'on voit souvent, la phase d'induction se limite d'ailleurs le plus souvent à : « Maintenant que vous savez faire, je vous laisse vous mettre vous-même en état d'hypnose selon la façon que vous souhaitez. Lorsque vous serez hypnotisé, indiquez-le moi simplement d'un signe ou d'un mot. » Lorsque par exemple l'hypnose se passe dans un fauteuil différent de celui que le patient occupe lors des premiers échanges dans l'entretien, il suffit que le patient se replace dans le « fauteuil hypnose » les fois suivantes pour que l'état hypnotique soit favorisé, voire qu'il survienne naturellement. Concernant l'apprentissage de l'auto-hypnose, bien souvent la métaphore du sport est assez juste : avec l'habitude, l'endurance est meilleure et des automatismes se créent. Autrement dit, plus le patient pratiquera l'auto-hypnose (d'abord laborieusement, puis de plus en plus fluidement) et plus cette dernière deviendra facile.

Enfin, il est possible d'approfondir l'état de transe par habitude « immédiate ». Ainsi, une première induction peut être faite. On propose au patient de « revenir » pour lui demander comment cela va, puis on procède à une seconde induction : le niveau de transe s'en trouve généralement renforcé.

Une transe peut-elle être négative ?

Une transe ne peut être négative en soi, mais un vécu de transe peut effectivement être négatif. Mais cela relève alors plus des éléments présents et évoqués que de la transe elle-même qui possède en soi une valence soit neutre, soit positive (agréable). L'accompagnement du professionnel de l'hypnose va permettre de l'encadrer pour que ce vécu négatif ne soit pas trop envahissant et donc paralysant.

Notons que l'on nomme « hypnose négative » des ressentis désagréables en lien avec notamment certains conditionnements. Ainsi, il y a quelque chose à la fois de la dissociation et de la montée d'angoisse chez la plupart d'entre nous dès que nous nous installons dans le fauteuil de soins du dentiste, avant même que le bruit de la fraise ne retentisse...

Questions portant sur le praticien

Peut-on être dépendant de son thérapeute ?

Cette question en regroupe en fait deux : peut-on être dépendant du thérapeute et peut-on être dépendant de l'hypnose ? Elles renvoient par contre à une seule dimension, celle de la place de l'influence dans le suivi. S'il doit y avoir dépendance, elle peut être due à deux facteurs principaux :

- Le manque de connaissances et de savoir-faire du praticien, non à l'écoute de la dynamique interne aux entretiens et des données intersubjectives ;
- La personnalité du patient.

Dans les deux cas, seul le savoir théorique, empirique et clinique du professionnel de l'hypnose peut permettre que le principe d'influence (non propre à l'hypnose, mais également présent dans cette pratique) n'aille pas jusqu'à l'expression d'une forme de dépendance qui pourrait être pathogène pour le patient. Il est des savoirs (même des savoirs pratiques) qui ne s'improvisent pas et qui demandent à la fois des connaissances nécessaires et de l'expérience pour éviter tout débordement préjudiciable. C'est ce savoir, en lien avec le principe d'influence, qui va permettre de toujours garder un œil et une oreille sur les implications de ce que l'on dit et fait, en fait partie.

L'hypnose en soi ne produit aucune forme de dépendance. Mais si elle semble s'exprimer, elle masque en fait une autre dépendance, celle à un mode de suivi non contrôlé par un praticien ne possédant pas les connaissances initiales (et bien sûr continues) suffisantes. L'expression de cette dépendance masquée est multiple. La plus commune est celle où les patients expriment un bien-être important qu'ils viennent rechercher « comme leur dose » auprès du praticien. Ici, le patient exprime certes un bienfait, mais qui lui est externe, c'est-à-dire qui ne semble pas relever de ses facultés propres. Le réflexe du praticien peu expérimenté sera alors d'aller vers l'apprentissage de l'auto-hypnose, mais il ne s'agit que d'un déplacement de difficulté, voire son évacuation artificielle : la difficulté est bien ailleurs, et à trouver dans les rapports qu'entretiennent le praticien et son patient.

Peut-on aller voir un hypnothérapeute en plus d'un autre praticien ?

Cela est tout à fait possible. Le plus souvent, le motif de la rencontre avec le praticien de l'hypnose relève du symptôme pur. En parallèle, un suivi psychothérapeutique s'effectue avec l'autre praticien. C'est notamment le cas lorsque le symptôme devient handicapant, voire invalidant socialement (par exemple, une phobie sociale se développant chez une personne exerçant un métier commercial). L'hypnose vient dans ce cas aider à soulager le tableau clinique, voire l'éradiquer, alors que le suivi psychothérapeutique permettra au patient de mieux saisir les tenants et aboutissants de son mal, tout autant que prendre en charge la souffrance exprimée.

Un autre cas de figure, cependant moins habituel, consiste à faire appel à l'hypnose pour compléter une prise en charge psychothérapeutique, mais sur une autre modalité que celle commencée. Par exemple, un suivi psychothérapeutique d'inspiration analytique qui « bute » sur des défenses intellectualisantes importantes : l'hypnose permettra alors d'avoir, en plus du premier suivi, une approche perceptivo-corporelle permettant au patient d'exprimer son mal-être autrement que par l'unique expression de la parole. Les défenses peuvent être élaborées (suivi psychothérapeutique initial) conjointement au travail hypnotique, ce dernier suivi venant « nourrir » le suivi initial.

L'important dans ces configurations est que la place et la fonction de chacun des praticiens soit bien identifiées. Un contact entre eux deux est d'ailleurs toujours préférable à un accord tacite. Par ailleurs, prendre un second praticien doit être idéalement discuté par le patient avec son intervenant principal.

Mon praticien peut-il m'apprendre à être hypnopraticien ?

Contrairement à la psychanalyse, qui peut appliquer le modèle « travail personnel puis travail didactique », l'hypnose ne s'apprend pas sur la chaise de consultant. L'hypnose peut amener à l'auto-hypnose, mais ne suffit pas pour apprendre à pratiquer avec d'autres, du moins avec un niveau éthique, déontologique et de formation suffisant. Un cursus de formation *ad hoc* est donc important.

Questions portant sur le symptôme

Le symptôme peut-il réapparaître ?

La réponse est bien évidemment oui. Avoir un rhume dans sa vie n'écarte pas la possibilité d'en avoir un nouveau un jour, indépendamment de l'efficacité des médicaments employés. De même, suivre pendant un temps une psychothérapie ou une psychanalyse ne veut pas dire que peut-être, à un autre moment de sa vie, un autre temps d'introspection « chez un psy » ne sera pas nécessaire. Qu'elle soit à visée symptomatique ou hypnothérapeutique, l'hypnose répond à ces mêmes réflexions.

Le symptôme peut-il se déplacer ?

« Le déplacement de symptôme » est une conceptualisation issue du champ de la psychanalyse. Dans cette perspective, le symptôme est vu comme une production en lien avec un conflit intrapsychique. Autrement dit, le symptôme possède une « charge » psychique dont le délestage se fait essentiellement par la parole, en associant et élaborant jusqu'à retrouver le sens latent dont le symptôme est porteur.

Cette conceptualisation a un sens (et c'est bien la moindre des choses !) au sein du corpus de connaissance psychanalytique. Le déplacement de symptôme, bien qu'occupant une part bien plus infime dans l'œuvre de Freud que l'on veut bien le laisser penser, est considéré comme l'une des pierres angulaires qui porte l'édifice de la compréhension de la dynamique psychique humaine.

Mais le déplacement de symptôme tel qu'il est compris ici n'a aucune existence en soi. Il s'agit simplement d'une façon de penser un fait psychique, qui n'a de sens qu'au sein d'une approche psychanalytique globale. Dire « qu'un symptôme s'est déplacé » n'a de sens que dans une prise en charge analytique dans le temps ; c'est une façon de penser, de donner un sens et une cohérence, à un événement de vie (le symptôme) au regard de la dynamique psychique. Autrement dit, le déplacement de symptôme est une interprétation psychodynamique et rien de plus.

Dire qu'avec l'hypnose on risque de « déplacer le symptôme » est une incohérence puisque l'on parle de deux champs d'exercice différents. D'un côté la méthode hypnotique et son cadre conceptuel, et de l'autre la psychanalyse et son cadre conceptuel, différent du premier en partie (avec l'hypnoanalyse, ou le rêve éveillé d'orientation analytique) ou totalement (avec l'hypnose ericksonienne, notamment).

Quand consulter pour un symptôme ?

Cette question n'est pas spécifique de l'hypnose. La situation où une personne consulte résulte le plus souvent d'un important niveau de souffrance, avec un sentiment de débordement qui engage à demander de l'aide. La personne se sent impuissante, et se trouve passive face à une situation où la souffrance et ses motifs sont subis.

La question est plus celle de la prévention : peut-on anticiper et ainsi éloigner un risque de pathologie ou de psychopathologie ? La question est à ce jour ouverte, et aucun modèle préventif n'offre à ce jour de réels résultats de son efficacité, voire même de sa pertinence.

Dois-je en parler à mon médecin ?

Le médecin généraliste est le plus souvent le médecin coordinateur des soins du patient. À ce titre, il peut lui être fait mention du suivi hypnotique. Cela est particulièrement vrai dans une approche symptomatique (exemple : soulagement de douleurs rhumatismales) : le médecin a besoin de connaître ces données (du moins le plus souvent) afin d'évaluer ce qui, de cette approche ou de son traitement, a pu avoir des effets sur le patient et ainsi ajuster ce qu'il a à ajuster (les traitements antalgiques prescrits par ailleurs, dans notre exemple).

Concernant une prise en charge hypnothérapeutique, le médecin n'a pas un besoin formel de savoir que ce suivi a commencé. Seul le patient peut décider si cette information est importante à délivrer ou non.

Dans tous les cas, un médecin informé peut constituer un partenaire privilégié pour le praticien de l'hypnose.

Carnet pratique

Les questions auxquelles répond ce chapitre :

- Comment trouver un praticien ?
- Où se former ?
- Quels sites sont utiles à consulter ?
- Quelles lectures privilégier pour aller plus loin ?
- Quelles sont les « adresses utiles » ?

Comment trouver un praticien ?

L'hypnose « attire » parfois des personnes peu scrupuleuses qui prétendent faire de l'hypnose parce qu'elles savent manier la suggestion directe de façon quelque peu spectaculaire, ou parce qu'elles ont lu sur le sujet ou encore parce qu'elles ont suivi un vague stage d'initiation. La plus grande prudence est donc de rigueur quand au choix de son praticien de l'hypnose.

D'autant que si certaines approches autres que l'hypnose sont encore « en gestation théorique », voire plus intuitives qu'appuyées réellement sur des concepts sérieux, on trouve dans l'hypnose ce que la psychothérapie peut produire de plus iconoclaste, mais aussi de plus sulfureux. Du pseudo-revécu de la naissance, voire avant la naissance (vie intra-utérine, vies antérieures...) à des délires mystico-paranormaux (dédoublement astral par hypnose, hypnotisation « à distance »[1], éveil sensoriel extralucide, etc.), le grand catalogue du commerce de la souffrance est étoffé... Il serait inutile et vain de tenter de le cacher. Cela ne veut pas dire par exemple que « revivre » sa venue au monde n'aura pas de vertus thérapeutiques. Mais outre le fait que c'est une gageure, un manque de savoir « de base » sur le fonctionnement de la mémoire, ou une absence de déontologie qui fait que le praticien omette de prévenir son patient que ce qu'il va vivre ou a vécu est de l'ordre d'un imaginaire qui a pris corps dans un comportement, outre cela donc, des effets peuvent apparaître, amplifiés par la conviction du patient que ce qu'il a vécu « est vrai ». Les éventuelles vertus thérapeutiques ne signent alors en rien la validité de la méthode, mais simplement des effets dus à d'autres facteurs (effets d'attente, effet placebo, etc.) qui peuvent, ne s'y trompons pas, être très puissants. Mais tout cela vaut-il vraiment le danger que l'on prend à s'en remettre à ces marchands de souffrance, et à ces vendeurs de fausses croyances ?

Une formation initiale et continue du praticien est obligatoire. La formation initiale concerne la plupart des professions de santé et la formation continue renvoie ici à la formation en hypnose. Ces formations ne garantissent pas, bien sûr, que le suivi « fonctionnera ». Mais au moins a-t-il toutes les chances

1. Il s'agit en fait d'une simple suggestion par anticipation : après le plus souvent quelques exercices qui permettent de tester le niveau de suggestibilité, l'utilisateur de l'hypnose explique au patient qu'il va à tel ou tel moment entrer en hypnose et se sentira obligé de venir voir le manipulateur de l'hypnose ou de faire autre chose. Tout le reste n'est que mise en scène, puisque cette explication a valeur de suggestion, plaçant les consultants en situation d'attente...

de se passer dans le cadre d'une pratique obéissant à des décrets de loi et comportant une déontologie d'exercice bien identifié. Ne l'oubliez pas, tout patient peut demander à son praticien la nature et la durée de sa formation initiale et continue...

Sites et adresses

La plupart des centres de formation délivrent une liste des personnes qu'ils ont formées, et les centres les plus rigoureux précisent si les praticiens faisant partie de leur annuaire ont suivi toute la formation, seulement une partie, ou sont en cours de formation. Ces centres ont des sites Internet facilement accessibles.

Mais ce que nous avons dit des pratiques individuelles est également valable pour les centres de formation. Ceux délivrant une même formation à un commercial, un boulanger ou un médecin en soins palliatifs sont bien évidemment à éviter, cette ligne de formation standardisée, prédigérée pour être avalée par tous, étant à cent lieux des fondements mêmes de l'hypnose.

Choix du praticien : médecin ou psychologue ?

Les médecins sont formés à l'analyse des signes cliniques somatiques (en dehors des psychiatres, qui n'ont qu'un savoir partiel en la matière). Leur approche sera par ailleurs essentiellement symptomatique, du fait de leur formation initiale. Faire appel à un médecin sera donc à privilégier dans ce cadre de pratique (douleur, troubles fonctionnels, etc.).

Le psychiatre quant à lui est un spécialiste de la pathologie mentale. Sa méthodologie est médicale, avec une compréhension du corps qui en découle, tout en ayant une acuité plus grande que ses collègues somaticiens sur la dynamique psychique et ses incidences sur le somatique. Le plus souvent, le psychiatre hypnothérapeute a une pratique très proche de celle du psychologue.

Le psychologue est plus axé autour de la souffrance psychique et de sa prise en charge. Il est formé à percevoir et appréhender la dynamique interne des patients, comprendre la place qu'occupe un symptôme dans la vie d'un patient, etc. Son approche de l'hypnose sera donc plus globale, et peut s'envisager seule (troubles anxieux, phobies, troubles du comportement alimentaire, etc.) ou en complément de l'approche médicale.

Où se former ?

Une formation qui réunirait une population trop plurielle, qui mélangerait personnel de santé et personnel autre est à éviter pour la personne qui se destine à exercer l'hypnose avec une visée thérapeutique. Ceci, du fait d'un programme de formation forcément généraliste, simplifié, voire tronqué, mais aussi car, de fait, les cycles de formation ne peuvent prévoir de temps de supervision ou de discussion autour de la clinique auprès des patients (tous les participants n'ayant pas une telle expérience). Or, ces temps de supervision sont très importants lorsque l'on parle de formation en hypnose.

Il est bien évident qu'il est tout à fait fondamental de vérifier que le formateur est lui-même un professionnel, et un professionnel de santé en particulier. Autrement dit, que sa pratique et ce qu'il enseigne prennent place dans un cadre déontologique bien déterminé et selon des règles légales bien définies qui le rendent responsable à la fois de sa pratique et de ce qui est enseigné.

En France

Actuellement (2007), quatre types de centres sont accessibles en France. Il s'agit :

- De l'Institut Français d'Hypnose[1] (Paris) qui accueille une population de professionnels de santé. Deux filières existent, après cinq jours de « tronc commun » : « hypnothérapie » (psychologues, psychanalystes et psychiatres) et « hypnoanalgésie et hypnosomatique » (médecins, paramédicaux principalement, mais aussi des « psys »). La formation est d'orientation ericksonienne pour l'hypnoanalgésie, et toutes les grandes orientations sont représentées pour l'hypnothérapie (Erickson, hypnoanalyse, rêve éveillé d'orientation phénoménologique, hypnose en thérapie cognitivo-comportementale, etc.) ;
- Des instituts Milton Erickson reconnus officiellement par la Milton H. Erickson Foundation[2] et par la CFHTB[3] (Paris, province, pays limitrophes francophones). La formation regroupe des personnels de santé, et l'orientation est exclusivement ericksonienne. Site : http://www.cfhtb.org ;
- Le DU d'hypnose médicale de la Pitié-Salpêtrière, proposé par l'Association Française pour l'Étude de l'Hypnose médicale. Réservée aux médecins, cette formation d'un an est exclusivement ericksonienne. À noter qu'une formation, également proposée par l'AFEHM[4], existe hors DU et se trouve ouverte à plusieurs

1. Site : http://www.hypnose.fr/.
2. Site : http://www.erickson-foundation.org.
3. Confédération Francophone d'Hypnose et de Thérapies Brèves
4. Association Française pour l'Étude de l'Hypnose Médicale

professions de santé, sur justificatif (même site Internet : http://perso.orange.fr/afehm.hypnose.medicale/defaut.html);

– Des instituts autres (sans filiation ni cadre universitaire) qui accueillent souvent une population plurielle, non uniquement issue du monde de la santé (et parfois même, pas du tout). Les temps de formation et la forme de ces dernières sont très variables d'un institut à l'autre, tout autant que le contenu de la formation (certains centres proposent un assemblage hypnose/PNL, d'autres sont plus ericksoniens « purs »). Globalement, le sérieux de ces formations prodiguées est également très variable d'un centre à l'autre.

En Belgique francophone

Nous ne citons ici que quelques formations réservées aux professionnels de santé. Il est possible de contacter la Société Belge d'Hypnose de Langue Française (http://www.sbhlf.be), qui possède une charte de formation fort pertinente et complète, pour connaître les centres qui en sont membres. Il existe également un Institut Milton Erickson de Belgique, localisé à Bruxelles (pas de site Internet).

– Sur Liège, une formation autour de l'hypnoanalgésie (coordonnée par Marie-Elisabeth Faymonville et Anne-Sophie Nyssen). Site : http://www.ulg.ac.be/anesrea/hypnose.htm ;
– Sur Liège toujours, mais aussi au Luxembourg : L'institut Milton Erickson de Liège (André Delchambre et Paul-Henri Mambourg). Site : http://users.swing.be/sw341234/forma.htm ;
– Sur Tournai principalement, l'Espace du Possible. Site : http://www.espace-du-possible.org/formations.html ;

– Sur Bruxelles, une formation autour de l'hypnothérapie et des thérapies brèves (coordonnée par Thierry Melchior). Site : http://www.geocities.com/athens/agora/1380/formation.html ;
– Sur Bruxelles toujours, l'institut de Nouvelle Hypnose (coordonné par Eric Mairlot), avec un programme de formation plutôt autour de l'hypnothérapie (ericksonienne). Site : http://www.nouvellehypnose.com.

En Suisse francophone

La Suisse bénéficie d'une grande aura concernant l'apprentissage et la pratique de l'hypnose. De nombreux praticiens sont internationalement reconnus.

Deux principales structures de formation sont à retenir ; toutes deux de grande qualité et qui travaillent d'ailleurs de concert :

– L'institut Romand d'Hypnose Suisse (formation animée par Raphaël Bonvin et Gérard Salem). Site : http://www.irhys.ch ;
– La Société Médicale Suisse d'Hypnose (Président : Philip Zindle). Site : http://www.smsh.ch.

Sites Internet utiles

Il aurait été difficile de faire ici un état exhaustif de tous les sites disponibles sur Internet. Le choix qui a été fait est donc forcément incomplet, mais obéit cependant à certains critères. Nous avons ainsi écarté :

– Les sites à vocation purement commerciale ou dont les informations transmises servaient principalement à présenter l'hypnose pour motiver un achat ou une consultation ;

– Les sites au contenu sur l'hypnose trop parcellaire et vague ;
– Les sites faisant une promotion de l'hypnose dans le champ du paranormal ;
– Les sites présentant l'hypnose dans une conception erronée ou trop datée.

Il peut arriver que certains sites soient ceux d'organismes de formation. Nous mentionnons ce fait, mais en avons retenu certains qui proposent également des textes de réflexion intéressants, ou simplement un exposé des pratiques possibles de l'hypnose. Nous avons enfin privilégié les sites de langue francophone.

Sites portant sur l'hypnose

– « Emergence » (http://www.hypnoses.com). Il s'agit du site de l'Institut de Formation en Communication Thérapeutique, dirigé par Claude Virot. Vous trouverez en ligne : articles, biographies, agenda, bibliographie, etc. C'est aussi un site renvoyant vers des formations ;
– « À Propos d'Hypnose-Métaphore » (http://www.aph-metaphore.com.fr). Ce site, tenu par le Dr Serge Delègue, propose notamment un historique très complet de l'hypnose, mêlant données et réflexions ;
– « Institut Français d'Hypnose » (http://www.hypnose.fr). À la base, le site d'un centre de formation. On y trouve également un historique, une bibliographie et surtout des dossiers autour de divers thèmes en lien avec l'hypnose ;
– « Psycho-solutions » (http://www.psycho-solutions.be). Pascal Dereau, psychologue et psychothérapeute, gère ce site qui sera très utile aux Belges (lieux de formations, agenda, etc.)

mais aussi à un public plus large géographiquement, du fait de la présence de nombreux articles, et de repères autour de l'hypnose ou de techniques apparentées ;

– « Hypnose Médicale – Adréaline 112 » (http://www.adrenaline 112.org/hypnose). Le site de Philippe Rault est particulièrement utile pour en savoir plus sur l'hypnose appliquée à la médecine d'urgence. D'autres rubriques sont cependant présentes (bases théoriques, communication, anesthésie...) ;
– « Pages de ressource en hypnose et thérapies brèves » (http://www.geocities.com/Athens/Agora/1380/index.html). Ce site de Thierry Melchior (qui organise notamment des formations) est particulièrement intéressant pour sa bibliographie commentée, ses liens internationaux, ainsi que des articles en ligne ;
– « Groupe d'Hypnose Clinique » (http://web.mac.com/antoine.bioy). Le site, tenu par nous, regroupe principalement des articles de présentation de divers courants en hypnose, une bibliographie et des notes de lecture. Les liens entre hypnose et psychanalyse sont particulièrement développés. Un podcast est également disponible.

Quelques pistes de lecture pour aller plus loin

Ouvrages de « prise de contact » (et pratique « de base »)

BECCHIO J., JOUSSELIN C., *Nouvelle Hypnose. Initiation et pratique*, Bruxelles, Desclée et Brouwer, 2002.
Une présentation qui a l'avantage de bien décrire l'ensemble des techniques ericksonienne, par deux de ses éminents représentants.

BELLET P., *L'Hypnose*, Paris, Odile Jacob, 2002.
Un ouvrage complet, qui aborde l'historique, la pratique, les données scientifiques et les questionnements éthiques de l'hypnose, principalement ericksonienne. L'auteur est, entre autres, rédacteur en chef de la revue en kiosque *Hypnose et Thérapies Brèves.*

CHERTOK L., *L'Hypnose. Théorie, Pratique et Technique*, Paris, Payot, 2e édition (revue et augmentée), 1989.
L'ouvrage a vieilli (au niveau des connaissances scientifiques), mais il reste cependant une référence pour saisir les principaux tenants et aboutissants de la méthode hypnotique.

GODIN J., *La Nouvelle Hypnose. Vocabulaire, Principes et Méthodes*, Paris, Albin Michel, 1992.
En grande partie conçu comme un dictionnaire, cet ouvrage a longtemps été une importante référence en France. Moins daté mais aussi un peu plus partial que l'ouvrage de Chertok précédemment cité, il permet de « fixer » certains concepts avec beaucoup d'à-propos.

HALEY J., *Un thérapeute hors du commun. Milton H. Erickson*, Paris, Epi, 1984.
Un excellent ouvrage pour comprendre la méthode ericksonienne car il est abondamment illustré de situations cliniques.

MEGGLÉ D., *Erickson, hypnose et psychothérapie*, Paris, Retz, 1998.
Dominique Megglé aborde ici à la fois la vie et l'œuvre d'Erickson, mais aussi son approche si singulière. L'un des livres d'exposé parmi les plus clairs.

ROSEN S., *Ma voix t'accompagnera. Milton H. Erickson raconte*, Paris, Hommes et Groupes éditeurs, 1986.
L'auteur nous retranscrit différentes vignettes cliniques pour mieux comprendre la pratique d'Erickson.

ROUSTANG F., *Qu'est-ce que l'hypnose* ? Paris, Éditions de minuit, 1994.
Certainement l'ouvrage le plus actuel permettant d'approcher la question de l'hypnose. Assez ancré dans la philosophie zen, Roustang est devenu, notamment avec cet ouvrage, une référence presque obligatoire, qu'on le suive ou non dans son approche.

SALEM G., *Soigner par l'hypnose*, 3e édition (revue et augmentée), Paris, Masson, 2004.
Un ouvrage qui s'intéresse tant aux fondements de l'hypnose qu'à ses méthodes avec notamment dans la seconde partie des « fiches » bien pensées. Une extension aux psychothérapies en général et à la sophrologie est également présente.

TENNENBAUM S., *L'Hypnose ericksonienne : un sommeil qui éveille*, Paris, InterEditions, 1997.
Un ouvrage qui a le mérite de présenter de façon claire la pratique de l'hypnose ericksonnienne.

Ouvrages « d'initiation » (niveau de connaissance « de base » acquise)

BENHAIEM J.M. (dir.), *L'Hypnose médicale*, Paris, Med Line, 2003 ; *L'hypnose aujourd'hui*, Paris, In Press, 2005.
Pour beaucoup, ces ouvrages reprennent l'enseignement dispensé au DU que J.M. Benhaïem coordonne à la Salpêtrière. De nombreuses et riches contributions synthétisent la formation donnée et parfois vont aussi plus loin.

CHERTOK L., *Le Non-Savoir des Psy*, Payot, 1979. Note : ouvrage réédité en 2006 chez Odile Jacob sous le titre *L'Hypnose, entre la psychanalyse et la biologie*.
Un ouvrage qui ouvre plus de questions qu'il n'y répond, et se situe au centre même de la pratique hypnotique. Entre autres chapitres, celui qui

expose l'expérience dite « de la pièce chaude » reste prototypique des liens entre hypnose et faits dits psychosomatiques.

ERICKSON M.H., *L'Homme de février*, Bruxelles, Satas, 2002.
Le compte rendu complet d'un suivi hypnothérapeutique. De ce fait, « homme de février » donne une idée juste des suivis que pouvait mener Erickson, et ouvre d'intéressantes perspectives cliniques.

MALAREWICZ J.A., *La Stratégie en thérapie ou l'hypnose sans hypnose de Milton H. Erickson*, Paris, ESF, 1988.
Malarewicz expose ici une certaine approche du psychiatre américain, qui reste d'actualité.

ZEIG J.K., *Un séminaire avec Milton Erickson*, Bruxelles, Satas, 1997.
Comme son nom l'indique, un enseignement de plusieurs jours dispensé par Erickson est ici retranscrit et commenté.

ZEIG J.K., *La Technique d'Erickson*, Paris, Hommes et Groupes, 1988.
Un ouvrage à la fois d'hommage à Erickson, mais qui surtout correspond à ce que l'auteur a appris au contact « du maître ». Un livre majeur.

Ouvrages de réflexion autour de l'hypnose

BOUGNOUX D. (dir.), *La Suggestion, hypnose, influence, transe*, Paris, Les Empêcheurs de penser en rond, 1991.
Il s'agit des actes d'un colloque tenu à Cerisy en 1989. Un ouvrage majeur de réflexion autour de l'hypnose où interviennent tant des praticiens que des penseurs d'autres obédiences, notamment philosophique.

CARROY J., *Hypnose, suggestion et psychologie. L'invention de sujets*, Paris, PUF, 1991.
L'auteur montre avec brio comment l'hypnose a participé à la création de la psychiatrie moderne, de la psychologie et évidemment de la psychanalyse. Un ouvrage très riche et documenté.

CHERTOK L., SAUSSURE, R., *Naissance du psychanalyste*, Paris, Payot, 1973.

Un ouvrage remarquable qui relie tant historiquement qu'épistémologiquement hypnose et psychanalyse. Probablement, dans ce champ, l'un des meilleurs ouvrages sur la question.

CHERTOK L., (dir.), *Hypnose et psychanalyse*, Paris, Dunod, 1987.
Cet ouvrage, injustement boudé à sa sortie, est cependant d'un très grand intérêt concernant les rapports entre hypnose, psychanalyse et suggestion. Il s'agit des actes d'un colloque autour de Mikkel Borch-Jacobsen faisant notamment intervenir Pierre Fedida, Daniel Sibony, Jean Bergeret, René Roussillon, etc.

SAMAK F.H., *De la psychanalyse à l'hypnose*, Paris, Presses de Valmy, 2004.
Cet ouvrage est une relecture psychanalytique de plusieurs entretiens menés par Milton Erickson et de son approche.

STENGERS I. (dir.), *Importance de l'hypnose*, Paris, Les Empêcheurs de penser en rond, 1993.
Construites autour de la pensée de Chertok, mais allant souvent bien au-delà, les différentes contributions sont particulièrement enrichissantes.

Ouvrages de perfectionnement

BALKEN J., *Hypnose et psychothérapie*, Paris, L'Harmattan, 2004.
Cet ouvrage est une nouvelle illustration du dynamisme de l'école suisse, avec une approche tant conceptuelle que clinique de la communication en hypnose, mais aussi de façon plus large dans les psychothérapies.

BIOY A, MICHAUX D. (dir.), *Traité d'hypnothérapie. Fondements, méthodes, applications*, Paris, Dunod, 2007.
Un ouvrage que nous avons co-dirigé, et qui se trouve être le premier livre réunissant de façon exhaustive les grandes approches en hypnose (Erickson, hypnoanalyse, rêve éveillé...). Ces « fondamentaux » sont enrichis par des chapitres « transversaux » (sur la notion de régression, etc.) et par l'exposé de différentes pratiques professionnelles.

ERICKSON H.M., *L'intégrale des articles de M. Erickson*, 5 volumes, Bruxelles, Satas, 1999-2005.

La référence (forcément) la plus complète en matière d'hypnose ericksonienne, qui demande cependant une formation initiale pour pouvoir être pleinement saisi.

MELCHIOR, T., *Créer le réel*, Paris, Seuil, 1998.
Un ouvrage majeur et même indispensable. L'analyse de l'auteur sur la notion d'influence, de langage et de réalité est particulièrement intéressante. Un ouvrage entre réflexion et pratique ; tout simplement passionnant.

MICHAUX D. (sous la dir.), *La Transe et l'hypnose*, Paris, Imago. 1995 ; *Hypnose, langage et communication*, Paris, Imago. 1997 ; *Hypnose et Douleur*, Paris, Imago. 2004 ; *Hypnose et Dissociation Psychique*, Paris, Imago, 2006.
Il s'agit des actes des colloques organisés par le Groupement pour l'Étude et les Applications Médicales de l'Hypnose (GEAMH). Les interventions sont parfois de qualité inégale mais l'ensemble est néanmoins d'un bon niveau, et offre matière à enseignement et réflexion. Surtout, les colloques sont internationaux et les contributions dressent un large champ de pensée et de pratique. Une série de livres dont on vient à la lecture tôt ou tard, pour leur richesse.

MIEL C., *Toxicomanie et Hypnose*, Paris, L'Harmattan, 2005.
Un ouvrage d'obédience analytique, qui fait un pont fort juste, clair, documenté et d'un très bon niveau de réflexion autour de la pertinence de l'hypnose dans une pratique auprès de personnes addictives.

ROUSTANG F., *La Fin de la plainte*, Paris, Odile Jacob, 2000 ; *Il suffit d'un geste*, Paris, Odile Jacob, 2003 ; *Savoir attendre pour que la vie change*, Paris, Odile Jacob, 2006.
Le « triangle d'or » de cet auteur, ancien psychanalyste, non seulement converti à l'hypnose mais qui continue à la révolutionner. *La Fin de la plainte* reste une référence absolue, et les deux ouvrages qui la suivent développent la clinique de celui qui est progressivement devenu dans les pays francophones l'une des plus grandes figures de l'hypnose moderne. Un autre ouvrage fort intéressant (et moins connu) de François Roustang est *Le thérapeute et son patient (entretien avec Pierre Babin)*, Paris, Éditions de l'Aube, 2003.

Autres ouvrages

BIOY A., MAQUET A. *Se former à la relation d'aide,* Paris, Dunod, 2003.
Cet ouvrage, co-écrit par nous, reprend les grands principes de l'approche humaniste de Carl Rogers avec un développement autour de situations cliniques. Cette approche, socle de toutes les formes de relation d'aide, est notamment celle qui sous-tend la pratique de l'hypnose, au moins de l'hypnose Ericksonienne.

KELLER P.H., *Le Dialogue du corps et de l'esprit,* Paris, Odile Jacob, 2006.
À coup sûr, l'ouvrage le plus novateur et le plus pertinent autour du thème de la psychosomatique écrit depuis bien des années. Une référence qui s'impose d'elle-même, où l'hypnose est évoquée.

LAPASSADE G., *La Transe,* Paris, PUF - Que sais-je ?, 1990.
Pour une approche relativement exhaustive des états modifiés de conscience, l'un des sujets de prédilection de l'auteur.

MEGGLE D., *Les Thérapies brèves,* Paris, Presse de la Renaissance, 2002.
Il s'agit de la version revue et corrigée de l'ouvrage paru chez Retz plus de dix ans auparavant. Une excellente approche et analyse autour des thérapies brèves.

WATZLAWICK P., WEAKLAND J., FISCH R., *Changements, Paradoxes et Psychothérapie,* Paris, Seuil, 1975.
Un ouvrage très riche issu des travaux de l'école de Palo Alto, directement influencé par Erickson.

Conclusion

Comme nous l'avons vu, l'hypnose recouvre un champ complexe à la fois de connaissances mais aussi de pratiques. Il est possible, comme nous avons tenté de le faire, de dresser quelques repères permettant de mieux appréhender l'objet « hypnose » à la fois dans son fonctionnement et dans les usages qui y sont liés.

Toutefois, il est indéniable que beaucoup reste encore à découvrir sur ce phénomène. De multiples recherches sont en cours, pour continuer à lever un peu plus le voile sur les différentes dimensions en lien avec l'hypnose.

À ce jour, l'hypnose peut être appréhendée à la fois comme un état modifié de conscience et comme un mode relationnel particulier qui se crée entre un patient et son thérapeute (communication inter-personnelle, données affectives inter-subjectives, etc.). Son usage nécessite une formation complète, à la fois initiale et continue, pour pouvoir être employée de façon éclairée. Elle ouvre alors d'intéressantes perspectives thérapeutiques et psychothérapeutiques.

Cela ne fait pas de l'hypnose une méthode « magique », guérissant de tous les maux. Elle constitue cependant une voie riche, globale, et intégrative pour aider à soulager les souffrances humaines, quelle qu'en soit la nature. Elle mêle pour ce faire des données psychiques, corporelles et perceptives, de l'ordre du réel, du symbolique et de l'imaginaire.

L'hypnose a sans doute un bel avenir devant elle. En tant que méthode, ou de façon plus indirecte au travers de l'ensemble des « filles thérapeutiques » auxquelles elle a donné naissance (psychanalyse, PNL, psychothérapies brèves, etc.). Elle pose des questions transversales, comme celle de l'influence ou encore autour de la relation, et ne cesse d'étonner par les richesses qu'elle recèle.

Nous espérons simplement avoir contribué à éclaircir certaines de ses données et questions que vous vous posiez à propos de l'hypnose dont, peut-être, vous ne parlerez déjà plus de la même façon !

Glossaire

Apprentissage

Fruit de l'expérience d'un sujet, au cours de laquelle il acquiert un élément nouveau de fonctionnement ou de compréhension. L'apprentissage peut être conscient ou inconscient. L'hypnose, en tant qu'expérience, constitue en soi un apprentissage. Également, l'hypnose peut permettre de mobiliser des apprentissages antérieurs (régression), de les actualiser ou d'en faire la base de construction d'un nouveau comportement (anticipation).

Auto-hypnose

Temps d'hypnose où le sujet est à la fois l'inducteur de l'hypnose sur lui-même et le sujet de l'hypnose. L'auto-hypnose offre des possibilités plus restreintes que l'hypnose induite par un autre que soi (où la notion d'accompagnement est majeure) mais peut être utilisée pour prolonger des séances avec un hypnothérapeute et par exemple reproduire des techniques apprises, comme celle de l'ancrage.

Communication

Étymologiquement, le terme renvoie à l'idée de communion et désigne ce qui est transmis, échangé et partagé entre deux ou plusieurs personnes de façon consciente et inconsciente, explicite et implicite, intentionnellement ou non. En hypnose, des principes de communications sont parfois dégagés afin de faciliter l'entrée dans l'hypnose (dont les diverses formes de suggestion verbales), ou le processus de changement (construction analogique de discours pour bâtir une métaphore, par exemple).

Créativité

Capacité d'un individu à créer un savoir ou des comportements nouveaux à partir de données apprises dans d'autres circonstances ou faisant appel à d'autres schémas de pensée.

Dissociation

Rupture dans l'unité de conscience et la cohésion des perceptions du sujet, qui entraîne une réorganisation de son espace psychique et où se trouvent distingués des éléments généralement associés (comme les données et processus conscients et inconscients).

État hypnotique

Activation corticale caractéristique de l'hypnose (état modifié de conscience) et d'un vécu subjectif qui lui est associé. La première dimension est objectivable par les neurosciences et les travaux expérimentaux. La seconde dimension est accessible notamment par ce qu'en dit le patient au moment du vécu hypnotique, ou dans l'après-coup.

Expérience

Situation où le sujet apprend quelque chose de lui-même ou de son environnement. Il s'agit en hypnose d'une acquisition, mais qui se trouve moins de l'ordre de la connaissance et de l'ajout de savoirs que de l'acquisition par le vécu, le ressenti, l'expérimentation d'une situation nouvelle.

Focalisation

Fixation de l'attention sur un élément en lien avec le sujet ou son environnement, qui permet de réduire un temps l'espace de conscience, facilitant ainsi la dissociation psychique.

Hypnose conversationnelle

Dialogue entre un hypnothérapeute et son patient, en vue d'atteindre un objectif fixé. En hypnose conversationnelle, le cadre de pratique est une simple conversation, sans phase réelle d'induction dans un état modifié de conscience (même si le sujet va peu à peu en faire l'expérience).

Imagination

Capacité de se représenter des éléments immatériels, abstraits, ou concrètement absents (images, perceptions, etc.). L'imagination va être sollicitée en hypnose selon cette définition propre (exemple : imaginer un objet) ou sur un mode analogique entre sensation et perception (peur et « boule dans la gorge ») ou bien entre un vécu antérieur et perception (harcèlement et corps qui rapetisse). En cela, l'usage de l'imagination par l'hypnose permet au sujet d'élaborer ce qu'il vit et de faciliter les processus de changement.

Inconscient

La définition de l'inconscient est fonction du cadre de référence théorique et conceptuel de celui qui l'emploie. L'inconscient est ainsi proche de la notion d'automatisme psychique pour les cognitivistes utilisant l'hypnose, en partie assimilable à un réservoir des ressources d'un patient pour les ericksoniens, ou renvoyant notamment à l'ensemble des éléments refoulés pour les hypnoanalystes. Dans tous les cas, l'inconscient désigne ce qui n'est pas directement accessible à la conscience, qu'il s'agisse de processus ou d'éléments psychiques.

Lâcher prise
Diminution de l'exigence qu'un sujet s'impose en ce qui concerne son niveau de vigilance portée aux éléments d'une situation qui le concerne. L'hypnose, notamment par la réorganisation perceptive qu'elle induit, permet au patient d'atteindre un nouvel état de vigilance, moins épuisant pour lui, tout en répondant à ses exigences anxieuses et à son besoin de contrôle : c'est ce que l'on nomme le lâcher prise.

Métaphore
Récit construit par analogie avec le problème pour lequel le patient est venu consulter. Ce récit, qui peut prendre l'apparence d'un conte, propose au patient de façon inconsciente d'envisager autrement sa difficulté, de dépasser une résistance, ou de cheminer différemment pour trouver une solution. La métaphore possède un niveau manifeste/discursif qui mobilise le conscient du patient et un niveau latent/implicite qui mobilise son inconscient.

Régression (en âge)
Mouvement psychique favorisé par l'hypnose qui permet de faire revivre des éléments du passé (réels ou imaginaires) et de les réactualiser au sein d'une séance pour simplement les revivre ou les vivre autrement. Il s'agit en cela d'une expérience singulière, pouvant mener à un nouvel apprentissage.

Relation
Lien entre un hypnothérapeute et son patient, qui inclut toutes les données présentes dans l'ici et maintenant comme l'ensemble des données qui ont permis la construction d'un sujet. La relation possède comme véhicule principal la communication.

Résistance

Ensemble des éléments qui vont à l'encontre du processus de changement. Les résistances peuvent être conscientes ou inconscientes, internes au sujet ou externes à lui.

Ressources

Ensemble des apprentissages d'un individu et, de façon corrélative, tout ce qui le constitue psychologiquement (processus psychiques, dynamique de pensée, etc.) et dans son histoire de vie.

Suggestion

Idée, sentiment ou comportement inspiré par un autre que soi. Une suggestion peut être verbale ou non (la suggestion est alors obtenue par mimétisme).

Transe

La transe hypnotique désigne classiquement l'état hypnotique, en tant qu'état modifié de conscience. Le terme de « transe » étant pluri-disciplinaire, il suggère également un lien de parenté entre l'état hypnotique et des états de transe obtenus dans d'autres circonstances (danses tribales, méditation...).

Transfert

Désigne dans l'approche psychanalytique la réactualisation dans le présent de modes relationnels antérieurs ainsi que l'ensemble des caractéristiques qui y sont liées (mouvements psychiques, affects, émotions, etc.). Ces modes relationnels sont ainsi reproduits, notamment dans le cadre d'un suivi psychothérapeutique, et peuvent donner lieu à une analyse.

050480-(I)-(5)-OSB 100°-CPW-MLN

STEDI MEDIA, 1, boulevard Ney, 75018 Paris
Dépôt légal, Imprimeur, n° 10001
Dépôt légal : mai 2007
Imprimé en France

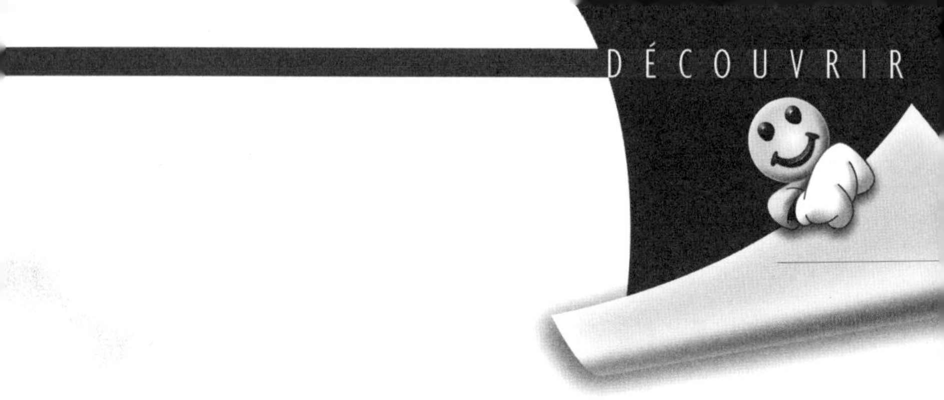

S'initier **rapidement** mais de manière **complète et progressive** à une technique de développement personnel, une méthode ou un outil utilisé en psychologie est aujourd'hui possible grâce à la collection **DÉCOUVRIR**. Laissez-vous guider par des **auteurs experts** et maîtrisez les fondamentaux de techniques qui ont fait leur preuve !

Laurent Buratti , Vincent Lenhardt

Antoine Bioy

Jérôme Lefeuvre

Antoni Girod

Laurence Danielou , Eric Salmon

www.intereditions.com

InterEditions